新媒体营销与运营

主　编　白　莲
副主编　马　莹　杨　凡　李倩雯
参　编　蒋　博　白　琳

西北大学出版社
·西安·

图书在版编目（CIP）数据

新媒体营销与运营 / 白莲主编 . -- 西安：西北大学出版社，2025.2. -- ISBN 978-7-5604-5607-2

Ⅰ. F713.365.2

中国国家版本馆 CIP 数据核字第 2025XZ6085 号

新媒体营销与运营

主　　编	白　莲
出版发行	西北大学出版社
地　　址	西安市太白北路 229 号
邮　　编	710069
电　　话	029-88303059
经　　销	全国新华书店
印　　装	陕西隆昌印刷有限公司
开　　本	787mm×1092mm　1/16
印　　张	12.75
字　　数	272 千字
版　　次	2025 年 2 月第 1 版　2025 年 2 月第 1 次印刷
书　　号	ISBN 978-7-5604-5607-2
定　　价	49.00 元

本版图书如有印装质量问题，请拨打电话 029-88302966 予以调换。

前 言

党的二十大报告中提出，要加快建设"网络强国、数字中国""实施国家文化数字化战略，健全现代公共文化服务体系，创新实施文化惠民工程"。在智能化、网络化、数字化高速发展的时代背景下，信息技术和媒体技术的快速迭代发展让科技传播方式和内容发生了深刻的变化，如"短视频+""AI+""短视频+直播营销闭环"等。在这种环境下，传统的营销手段逐渐失去了优势，新媒体营销应运而生，成为企业和品牌与消费者建立联系、推动市场拓展的重要方式。本书特点如下：

1. 情景化教学：理论与实践的深度融合

本书以新媒体营销真实场景为载体，为每个项目构建沉浸式营销情景。通过情景发展（如用户互动数据变化、竞品动态应对等）拆解任务目标（如内容策划、流量投放、效果复盘）。这种模式将抽象的营销理论转化为具体的行动指令，让读者在解决"情景难题"的过程中理解，避免"纯理论灌输"的枯燥感，让读者在"做中学"中掌握新媒体营销的底层逻辑与实操技巧。

2. "三段式"设计：构建完整的学习闭环

"课前·思"以问题带入知识点，提前思考了解相关内容。"课中·学"+"课中·练"板块系统梳理新媒体营销核心理论知识，以真实营销场景为依托，化身实训手册。"课后·测"聚焦内容核心知识点，检测理论学习效果。活页形式使教材拆分后更小巧轻便，无论是学生日常学习携带，还是教师备课使用，都更加方便。

3. 教学资源丰富：配套省级在线精品课程

本书配套有丰富的教学资源，读者扫描书中二维码，就可以观看知识点微课视频。本书配套的在线精品课程《新媒体营销与运营》是陕西省精品在线课程，在智慧树（www.zhihuishu.com）平台已运行多轮。

本书由陕西职业技术学院白莲担任主编，陕西职业技术学院马莹、杨凡、李倩雯担任副主编，陕西职业技术学院蒋博和陕西国防工业职业技术学院白琳参编。具体分工如下：白莲编写项目三、项目四、项目五、项目七，并负责全书总策划；马莹编写项目一，杨凡编写项目二，李倩雯、蒋博编写项目六，白琳负责统稿。

在本书的编写过程中，作者参考了国内多位专家、学者的著作，以及许多同行的相关教材和案例资料，在此向他们表示崇高的敬意和衷心的感谢。由于新媒体发展的时效性，以及编者的水平有限，书中难免有不妥之处，恳请广大读者批评指正！

编者
2025 年 1 月

目录

项目一　认识新媒体营销 / 1
　　任务一　新媒体的定义与发展 / 4
　　任务二　新媒体营销的核心理念 / 13

项目二　新媒体平台与工具 / 23
　　任务一　主流新媒体平台分析 / 25
　　任务二　新媒体营销工具 / 37

项目三　新媒体内容营销策略 / 47
　　任务一　内容营销的定义与意义 / 49
　　任务二　内容创作与策划 / 57
　　任务三　内容分发与推广 / 67

项目四　社交媒体营销与运营 / 75
　　任务一　社交媒体营销策略 / 77
　　任务二　社交媒体社区运营 / 87
　　任务三　社交媒体数据分析 / 96

项目五　短视频与直播营销 / 107
　　任务一　短视频营销的兴起 / 109
　　任务二　直播营销的策略与实施 / 118

　　　　任务三　短视频与直播的整合营销 / 128

项目六　用户行为分析与洞察 / 137

　　　　任务一　用户行为分析与洞察 / 139

　　　　任务二　用户留存与忠诚度提升 / 150

项目七　数据驱动的营销决策 / 161

　　　　任务一　数据分析在新媒体营销中的应用 / 163

　　　　任务二　数据分析与消费者行为 / 175

　　　　任务三　营销效果的衡量与优化 / 186

参考文献 / 197

项目一

认识新媒体营销

任务目标

知识目标：
1. 了解新媒体与传统媒体的区别
2. 理解新媒体未来的发展趋势
3. 了解新媒体营销的定义与特点
4. 理解新媒体营销的关键要素

技能目标：
1. 能够根据企业需求完成调研工作
2. 能够借助工具完成数据分析

素养目标：
1. 能够借助大数据搜集信息，具备信息素养
2. 具备团队协作能力
3. 具备求真务实的工作态度

情境导入

某高校响应国家号召，开展"朝阳助农大学生创业实践项目"。该项目以扶贫助农为宗旨，以提供绿色健康农产品为特色，以提升学生新媒体实践能力为目标。在老师的指导下，学生通过调查走访家乡、调研地方特色农产品，建立销售渠道，并利用新媒体进行品牌形象建设和农产品推广。

思维导图

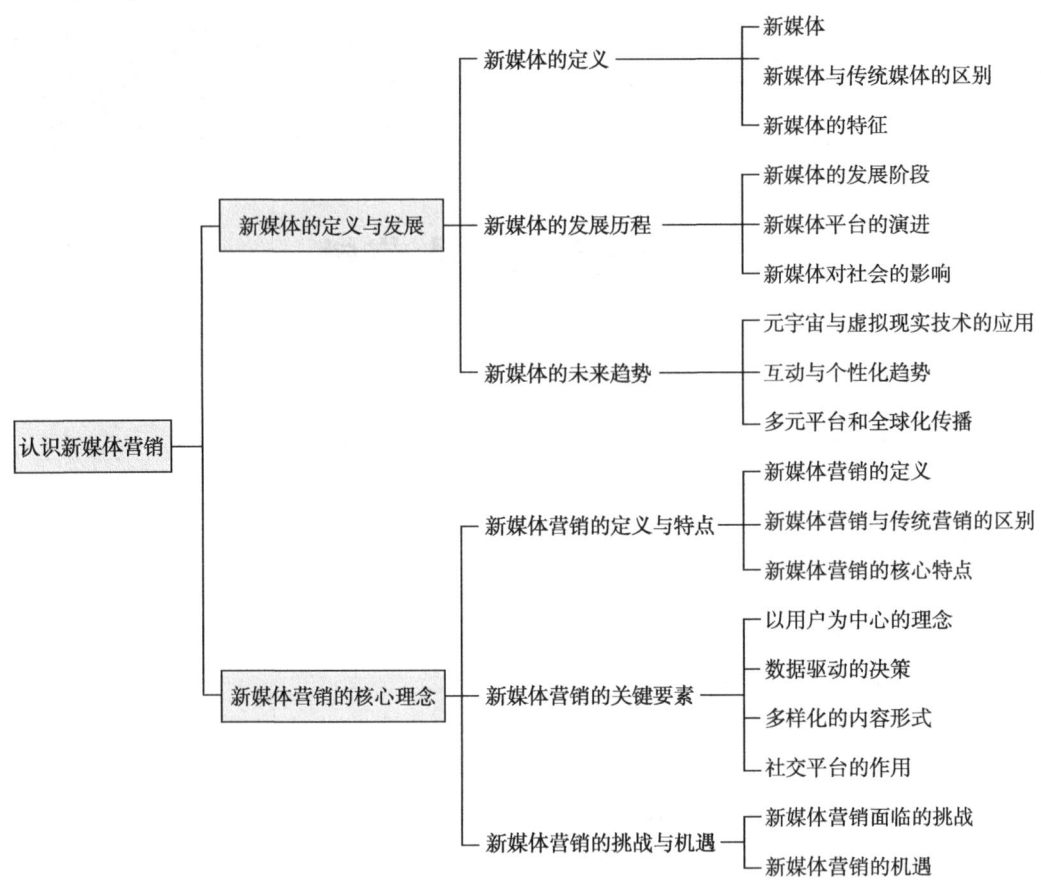

课前·思

案例介绍

《你好，李焕英》票房破 53 亿元

2020 年 10 月 29 日，由贾玲执导并主演的电影《你好，李焕英》正式发布定档预告及海报，宣布《你好，李焕英》将于 2021 年 2 月 12 日（大年初一）正式上映。与其他电影不同，《你好，李焕英》在预告中就讲述了大概剧情，即贾晓玲意外回到 20 年前，与年轻时的母亲李焕英之间发生的搞笑、温情故事。由于在同一时间上映的还

有备受关注的《唐人街探案3》《侍神令》《刺杀小说家》等电影，《你好，李焕英》发布定档预告时并未引起人们的广泛关注。

2021年1月，《你好，李焕英》逐步发布电影预告，观看了预告的用户纷纷在新媒体平台表示"太期待了，想带我妈妈一起看"。同时，《你好，李焕英》"'笑'顺爸妈"的主旨也被传递给更多用户。自此，《你好，李焕英》的预告引发了观众的"自来水式安利"，观看了预告的用户纷纷在微博、微信等新媒体平台上向其他用户推荐《你好，李焕英》。2021年1月底，《你好，李焕英》开启预售，预售当天票房就突破了1亿元。2021年2月12日，《你好，李焕英》正式上映，第一批观看的用户纷纷发布微博表示"带着妈妈去看了！一把鼻涕一把泪！""拍得太好了，让人感动！"并推荐其他人去电影院观看。首映当天，《你好，李焕英》的票房轻松突破2亿元，第二天中午，票房突破4亿元。由于收获了众多用户的好评，《你好，李焕英》的豆瓣评分更是涨到了8.2分。《你好，李焕英》上映短短几天，越来越多的用户在观影后表示该电影"温暖治愈，哀而不伤""全程笑中带泪"。众多影评人也在观影后毫不吝啬地给出超高评价，表示这部电影应该是春节档的第一。随后，"《你好，李焕英》口碑"话题也登上了微博热搜榜第一。据统计，《你好，李焕英》上映12天，票房达42.5亿元；截至2021年3月，票房高达53亿元。截至2021年3月底，《你好，李焕英》的相关话题均已拥有上万讨论量及十几亿人次阅读量。

问题思考

《你好，李焕英》以亲情为主旨，通过搞笑且温情的故事情节、丰满的人物形象、幽默的语言表达，赢得了观众的笑与泪，获得了良好的口碑。

（1）该片的预告片在影片宣传的过程中起到了哪些影响？

_____
_____
_____

（2）该片的观众在新媒体平台进行推荐属于新媒体营销吗？

_____
_____
_____

任务一　新媒体的定义与发展

认识媒体

一、新媒体的定义

（一）新媒体

新媒体是一个随着互联网和数字技术的飞速发展而逐渐兴起的概念，包含了从传统媒体向数字化、网络化、移动化转型的多种形式。它与传统媒体（如报纸、杂志、广播、电视等）相比，呈现出技术形态和传播方式的革命性变化。

广义的新媒体涵盖了所有基于互联网技术、数字技术的媒体形式，涵盖范围极其广泛。其代表性的形态包括但不限于数字媒体、移动互联网、智能终端、物联网以及与其相关的所有信息传播工具。随着5G技术的发展和智能终端的普及，新媒体的范围已经突破了单纯的内容平台，包括了智能电视、可穿戴设备、智能家居等所有与数字化信息传播有关的媒介设备。

广义的新媒体不仅仅局限于内容的传播方式变革，还体现在传播媒介的载体转变，如从纸质介质到数字介质，从静态到动态、从线性到多维度。在这种广泛的定义下，几乎所有通过数字手段传播信息的媒介和平台都可以被视作新媒体的一部分。特别是随着移动互联网的发展，智能手机、平板电脑等移动终端成为人们获取信息的主要渠道，形成了"随时随地"的信息传播网络，进一步拓宽了新媒体的范畴。

狭义的新媒体通常指的是那些基于互联网尤其是移动互联网发展的具体平台和服务形式，例如社交媒体、短视频平台、博客、播客、电子书、数字报刊、网络电台等。它们是目前新媒体的主流形式，也是广大用户接触最多的部分。

例如，社交媒体（如微信、微博等）成为现代社会重要的沟通工具，不仅为个人社交提供了新的方式，还形成了信息传播的主要渠道。短视频平台（如抖音、快手等）通过简短、快节奏、富有视觉冲击力的内容吸引了大量用户，迅速成为新媒体生态中的重要组成部分。博客和播客作为较早期的新媒体形式，也为用户提供了个性化内容生产和分享的平台，并依然保持着一定的受众群体。

（二）新媒体与传统媒体的区别

新媒体与传统媒体的区别主要体现在信息传播方式、内容生产模式和传播渠道的变化上。这种变化不仅影响了媒体的形态，也深刻影响了人们获取、理解和分享信息的方式。

1. 信息传播方式由单向传播变为双向互动

传统媒体（如报纸、电视、广播等）主要采用的是单向传播的方式，即从信息的生产者（如记者、编辑）到信息的接受者（受众），传播是单向的。受众在大多数情况下仅仅是被动的信息接受者，缺乏与媒体或其他受众互动的机会和渠道。

新媒体则打破了这一单向的传播方式，形成了多向互动的信息交流。通过社交媒体、论坛、评论区等功能，用户不仅能够接收信息，还可以与内容生产者互动，甚至可以在一定程度上影响内容的生产和传播。这种多向互动的特性使得受众不再是被动的"消费者"，而成为了"参与者"，他们可以发表意见、创造内容、分享和传播信息。这种转变极大地提升了信息传播的活力和多样性。

2. 内容生产由专业媒体变为UGC（用户生成内容）

在传统媒体时代，内容的生产主要由专业媒体机构或职业记者、编辑来完成，通常信息的来源经过严格的审核和把关，保证了内容的权威性和可靠性。而在新媒体时代，用户生成内容（User Generated Content，UGC）成为一种重要的内容生产形式，任何人都可以通过博客、社交媒体、短视频平台等分享自己的观点、经验和创作。

UGC的崛起让信息的生产更加去中心化和民主化，但同时也带来了信息过载、真假难辨等问题。虽然UGC丰富了信息的多样性，但由于缺乏专业的审核机制，虚假信息、误导性内容的传播速度也比以往更快。因此，在新媒体环境下，信息筛选和辨别能力成为用户必须掌握的一项重要技能。

3. 传播渠道从线下变为线上，从单一变为多样化

传统媒体的传播渠道主要集中在线下或有限的线上渠道，如报纸订阅、广播频率或电视台信号。用户获取信息的途径较为单一，且受到时间、地点的限制，例如电视新闻有固定的播出时间，报纸有固定的出版周期。而新媒体则通过互联网实现了信息的随时随地传播，信息的传递不再依赖于某种特定的物理载体，取而代之的是多样化、即时性的线上传播渠道。以智能手机为代表的移动设备的普及，使得人们可以随时通过社交媒体、新闻客户端等获取信息。多样化的传播渠道使得信息获取更加便捷，但同时也加剧了信息碎片化的现象。

（三）新媒体的特征

新媒体作为一种新兴的传播形式，具有许多区别于传统媒体的特点，这些特点深刻影响了信息的传播方式和用户的行为模式。

新媒体的概念与特征

1. 即时性

信息可以通过互联网实时发布和传播，用户可以在事件发生的同时了解到最新的进展。例如，社交媒体上新闻的实时更新使得用户能够迅速获知全球各地的热点事件。相比之下，传统媒体由于受到出版周期或播出时间的限制，无法提供这种实时的资讯更新。

即时性的特点增强了用户的参与感和互动性，他们不仅可以第一时间获取信息，还能够对信息进行及时的反馈和讨论。这种及时的反馈机制也推动了信息的快速迭代和更新，形成了一个更加动态的传播环境。

2. 交互性

与传统媒体单向传播的特征相比，新媒体具有强烈的交互性。无论是社交媒体的点赞、评论、转发，还是短视频平台的弹幕和互动问答，新媒体为用户提供了丰富的互动方式。用户不仅是信息的接受者，还是信息的生产者和传播者。

交互性的增强使得信息传播不再是一个封闭的过程，而是一个开放的、多向的交流过程。用户通过互动可以参与到信息生产和传播的每一个环节，这使得信息传播的效率和范围都得到了极大的提升。

3. 个性化

新媒体平台依靠大数据和人工智能技术，能够根据用户的兴趣和行为习惯，提供高度个性化的信息推荐服务。例如，社交媒体和新闻客户端会根据用户的历史浏览记录、点赞行为等，推荐符合用户兴趣的内容。这种个性化的推荐机制让用户能够在海量的信息中迅速找到自己感兴趣的内容，提升了用户的使用体验。然而，个性化推荐也带来了"信息茧房"的问题，即用户可能会因为过度依赖算法推荐而接触不到多样化的信息，形成信息获取的"盲区"。

4. 社会性

新媒体高度依赖用户之间的社交关系和社群网络。通过社交媒体平台，用户可以与亲友、同事以及陌生人分享、交流信息，形成了一个个基于兴趣、价值观等共同点的社会网络。社交关系在新媒体中的重要性，使得信息的传播不仅仅依赖于内容本身的吸引力，还受到社交关系网络的推动。

这种社会性特点使得信息传播的速度和范围都得到极大的提升，特别是在热点事件发生时，信息可以通过社交关系网络迅速传播到全球各地，形成"病毒式"传播。

5. 信息碎片化与传播速度的提升

新媒体由于其即时性和交互性的特点，信息传播的速度显著提升，用户能够在极短的时间内接收到大量的资讯。然而，这种信息的快速传播也导致了信息的碎片化。用户通过社交媒体、短视频等平台接触到的多为简短、碎片化的内容，深度报道和长篇内容较少。这种现象虽然使信息获取更加便捷，但也带来了用户对信息的深度理解不足、思考能力减弱等问题。

二、新媒体的发展历程

（一）新媒体的发展阶段

新媒体的发展可以追溯到20世纪末期互联网的兴起。当时，互联网逐渐从研究机构走向公众，形成了早期的信息传播模式。20世纪90年代，互联网开始普及，门户网站、电子邮件等成为最早的新媒体形式。互联网的基础设施在这一阶段逐渐完善，互联网连接速度大幅提升，覆盖范围迅速扩大，推动了信息传播方式和获取方式的变革。

早期的互联网发展主要依赖于宽带的普及和服务器技术的进步，尤其是在通信技术和计算机处理能力提升的推动下，互联网开始成为人们日常生活和工作中不可或缺的一部分。例如，美国的Yahoo，国内的新浪、网易等门户网站在这个阶段崛起，成为获取新闻资讯的重要来源，标志着互联网开始对传统媒体产生冲击。

随着移动互联网的普及，新媒体进入了一个新的发展阶段。智能手机和移动设备的兴起使得用户可以随时随地接入互联网，彻底改变了信息传播和消费的模式。苹果公司2007年推出的iPhone，以及随后安卓系统智能手机的普及，使得移动互联网成为主流，用户不再依赖台式电脑或宽带网络，取而代之的是手机上的各种应用程序（App）和移动服务。

智能手机不仅为用户提供了便捷的上网工具，还成为了信息生产和消费的核心媒介。人们通过社交媒体、新闻客户端、短视频等相关应用，随时随地获取资讯，进行娱乐和社交活动。4G和5G网络的推广使得视频、图片等大流量内容的传播更加便捷，进而催生了短视频、直播等新兴媒体形态的蓬勃发展。

（二）新媒体平台的演进

新媒体最初的形式是电子邮件和门户网站。电子邮件成为早期人们沟通和传播信息的重要工具，它打破了时空的限制，让信息能够迅速在不同地域之间流通。与此同时，门户网站（如新浪、搜狐、Yahoo等）通过整合新闻、娱乐、科技等各类资讯，成为早期互联网用户获取信息的主要渠道。

即时通讯软件（如MSN、QQ）是新媒体早期的另一重要形态。这些软件不仅提供文字信息的即时交流功能，还逐步加入了语音、视频聊天等功能，丰富了用户的互动体验。QQ等平台出现了早期的社交网络雏形，通过群组、好友关系链等功能，用户能够建立起自己的网络社交圈，增加了信息传播的社交性。

腾讯的QQ作为中国早期的即时通讯工具，演变为一个集社交、游戏、娱乐于一体的综合平台，吸引了大量用户。在2009年，微博作为一种"微型博客"形式出现，提供了简洁、快速的信息发布和互动平台。微博通过短小的信息流和话题标签功能，迅速吸引公众人物、媒体机构、普通用户的参与，构建了一个公开的信息传播和社交网络。

2011年，微信的推出促进了移动社交网络的发展。微信不仅提供了即时通讯服务，还通过朋友圈、公众号、小程序等功能，将社交、内容消费、商业服务等功能无缝结合起来。微信的成功充分展现了新媒体在移动互联网时代的强大影响力。而小红书等社交平台，通过结合UGC（用户生成内容）和电子商务，成为了用户获取购物建议、产品体验和生活方式信息的重要平台。

2010年以后，随着移动网络技术的提升和用户对视觉内容消费需求的增加，短视频和直播平台迅速崛起。抖音、快手等短视频平台凭借15秒到60秒的短视频内容，迎合了用户快速获取娱乐信息的习惯。短视频内容以其轻量化、碎片化和娱乐化的特点，吸引了大量年轻用户，并迅速成为新媒体生态的重要组成部分。

直播作为一种实时互动的内容形式，也在这一时期得到了爆发式的发展。通过直播平台，用户可以与主播进行实时互动，主播可以分享生活、才艺或推荐商品等。直播不仅仅是一种娱乐形式，它也成为了电子商务的重要工具。特别是在"直播带货"的模式中，主播通过实时展示和推荐商品，促使用户即时购买，形成了新型的"社交电商"模式。

（三）新媒体对社会的影响

1. 信息获取方式的变革

新媒体的出现彻底改变了人们获取信息的方式。传统媒体时代，信息的获取主要依赖于电视、报纸和广播等渠道，用户是被动的接受者。而在新媒体环境下，用户可以通过互联网主动搜索和订阅自己感兴趣的内容，信息获取变得更加个性化和多样化。社交媒体、新闻客户端、短视频等新媒体平台使得信息传播更加便捷和快速，用户不仅可以通过新闻推送了解世界大事，还可以通过社交网络和朋友分享的内容获取个性化的资讯。

同时，新媒体还打破了时间和空间的限制，信息可以通过互联网随时随地传播和接收。特别是在突发事件和热点新闻中，社交媒体成为了信息传播的主要渠道，用户可以在第一时间通过平台了解事件的进展并参与讨论，形成广泛的社会影响力。

2.社会文化和娱乐方式的改变

新媒体的兴起也深刻影响了社会文化和娱乐方式。传统的娱乐形式，如电视节目、电影等，逐渐被短视频、直播等新兴形式所取代。用户通过抖音、快手等平台获取碎片化的娱乐内容，社交媒体平台则成为了讨论和传播娱乐热点的主要场所。

新媒体的多样性还推动了"网红经济"的崛起。普通用户可以通过社交媒体和短视频平台发布内容，积累粉丝，成为具有影响力的"网络红人"（即网红）。网红经济通过与品牌合作或直播带货等创新形式，已发展成为一种新型商业模式，改变了传统营销和娱乐产业的生态格局。

3.在政治、经济领域中的应用与影响

在政治领域，新媒体平台成为了公众讨论政治、发表意见的重要空间。微博、微信等社交媒体平台常常被用来讨论公共政策、政府行为和社会问题，公民借助新媒体平台直接参与公共事务讨论，甚至推动社会议题的变革进程。

在经济领域，新媒体在营销、广告、电子商务等方面发挥了重要作用。企业通过社交媒体平台与消费者建立更为直接和紧密的联系，精准营销和社交电商的发展使得企业能够更高效地推广产品并构建了实时互动消费者反馈机制。直播带货成为了中国经济中的重要商业模式，进一步推动了在线消费习惯的普及。

三、新媒体的未来趋势

（一）元宇宙与虚拟现实技术的应用

随着虚拟现实（VR）和增强现实（AR）技术的迅速发展，新媒体传播正在进入一个更加沉浸式和互动化的时代。虚拟现实和增强现实通过三维空间重塑信息传播的形式，使用户不再是被动的接受者，而是可以参与到内容的创作和体验中。通过VR技术，用户能够置身于一个虚拟的世界，体验新闻报道、电影、游戏等内容，增加了用户的沉浸感和互动性。例如，在新闻领域，用户可以通过VR头盔"走进"报道现场，甚至与虚拟的新闻人物进行互动。这种新的信息传递方式让媒体传播突破了屏幕的二维限制，进入到三维的场景之中，带来了更加直观的体验。

增强现实技术则将虚拟信息叠加在现实世界中，为新媒体提供了新的创作和传播形式。例如，AR技术能够将广告、视频或新闻内容投射在用户的实际生活场景中，使得信息传播不再局限于屏幕，可以在用户的日常生活中实现随时随地的内容交互。这对广告和营销产生了深远的影响，用户不仅是单纯的广告观众，而且能在增强现实中与产品进行"亲密接触"。

元宇宙作为一个融合虚拟现实、区块链和人工智能等技术的新兴概念，进一步推动了媒体传播的变革。元宇宙不仅是一个虚拟世界，它还将人们的社交、娱乐、工作和消费体验全部整合在一个虚拟生态系统中。在元宇宙中,用户可以通过虚拟化身参与到各类活动中,比如虚拟会议、虚拟演唱会、虚拟购物等,甚至可以在虚拟世界中建立自己的商业品牌。这种基于元宇宙的社交和娱乐方式打破了时间和空间的限制,为新媒体提供了全新的互动形式和内容营销机会。未来,品牌商可以通过在元宇宙中创建虚拟商店或赞助虚拟活动,与用户建立更为直接和个性化的联系,开辟全新的营销渠道。

(二)互动与个性化趋势

随着人工智能技术的成熟,新媒体在互动性和个性化方面的能力得到了大幅提升。人工智能生成内容(AIGC)的发展为新媒体内容生产带来了革命性变化。AIGC通过机器学习和自然语言处理技术,能够自动生成文字、图像、音频甚至视频内容,这不仅降低了内容生产的成本,还极大地提升了内容的生产效率。例如,新闻机构可以使用AI生成新闻稿,视频网站可以通过AI生成个性化的视频推荐,甚至社交平台也可以通过AI技术生成适应每个用户需求的社交动态。

AIGC的发展使得内容生产进入了自动化时代。用户不再是被动的内容消费者,而是可以通过AI的辅助,直接参与到内容生产过程中。例如,用户可以通过输入简单的指令,让AI为自己生成个性化的文章、图像或视频。这不仅提高了创作的效率,还使得内容创作变得更加大众化、民主化,每个用户都有机会成为内容生产者。

同时,个性化媒体体验正逐渐成为新媒体平台的重要发展方向。通过大数据分析和人工智能推荐算法,平台可以根据用户的兴趣、行为和历史记录,提供高度个性化的内容体验。这种个性化不仅限于推荐新闻或视频,未来可能会扩展到广告、购物、游戏等各个领域。个性化推荐系统通过分析用户的偏好,能够让用户在海量信息中快速找到符合自己兴趣的内容,从而增强用户的黏性和参与度。

值得注意的是,由于算法只推送用户感兴趣的内容,可能导致用户接触不到多样化的观点和信息。为了解决这一问题,未来的新媒体平台可能会更多地平衡个性化推荐与多样性推荐,通过引入更加多元化的内容选择促进新媒体的全面发展。

(三)多元平台和全球化传播

新媒体的发展不仅局限于技术层面的创新,还在全球范围内呈现出多元化与本地化并存的趋势。不同国家和地区的文化特性对新媒体的发展有着深刻的影响。在某些文化背景下,社交媒体的互动性和隐私性可能具有不同的权重。例如,在西方国家,人们更注重个人隐私和表达自由,因此社交媒体平台往往强调用户隐私保护和言论自由的权利。而在某些东亚国家,集体文化和社会责任感使得社交媒体在内容监管和信息审查上更为严格,平台往往需要在法律和文化框架下更加规范地运营。

新媒体平台的发展也呈现出本地化和全球化并存的趋势。尽管全球化趋势明显，但新媒体在每个国家和地区的发展都不可避免地受到本地文化、政治和社会环境的影响。例如，TikTok在全球范围内迅速扩张，但其在不同国家的内容风格和推荐机制有所差异，以适应当地用户的习惯和需求。同样，国内的抖音和微博等平台在中国文化背景下形成了独特的传播方式，更加贴近中国用户的社交习惯和审美需求。

在全球化方面，新媒体打破了国界和文化壁垒，让全球用户能够共享信息和文化。社交媒体、短视频和流媒体平台通过全球化的传播网络，将不同文化背景的内容快速传播到世界各地。跨国品牌和内容生产者也通过这些平台进入全球市场，推动了全球文化的融合和传播。例如，Netflix等流媒体平台通过推出多语种、多文化背景的影视剧集，在全球范围内吸引了大量观众，使文化产品的全球传播更加快速、广泛。

全球化传播也面临着文化冲突和适应性的问题。不同文化背景下的受众对内容的理解和接受度不同，新媒体平台在扩展全球市场时必须考虑到文化差异。例如，某些内容在一个国家可能被视为娱乐，在另一个国家则可能因文化禁忌或法律限制而无法传播。因此，未来的新媒体平台在全球化的同时，仍需保持一定的本地化运营策略，以平衡全球传播与文化适应性之间的关系。

课中·练

新媒体行业调研

任务布置：

在初步了解了新媒体之后，学生利用互联网搜索工具开展新媒体行业调研。调研内容包括行业的现状、发展历程、政策支持、人才需求、竞争格局以及未来发展等。

任务要求：

4—6人为一组，分组完成规定的任务。

任务实施：

（1）确定组长与副组长，组长负责分工，副组长负责记录。

（2）仔细阅读任务，选择搜索工具，开展新媒体平台调研。

（3）分析讨论总结调研结果，并在任务单中做好分析结果的记录。

成果提交与评议：

（1）各小组组长在规定时间内提交调研结果，并进行展示。

（2）在展示过程中，认真听取老师的评价与分析，并由副组长在任务单中做好记录。

表 1.1 任务单

任务名称		小组名称	
日期		时间	
组长		副组长	
其他成员			
任务讨论及说明			
方案实施过程			
存在的问题以及解决方案			
结果展示及说明			
评分			
反思与总结			
优点		缺点	

任务二 新媒体营销的核心理念

新媒体营销

一、新媒体营销的定义与特点

（一）新媒体营销的定义

新媒体营销是指企业利用新媒体平台（如社交媒体、短视频平台、移动应用等）进行品牌推广和传播的一种营销方式。与传统的广告和市场推广方式不同，新媒体营销以互联网和数字技术为基础，依托移动互联网、社交平台、大数据等技术手段，针对特定的目标受众进行精准推广。它通过多渠道、多形式的内容营销策略，将产品或品牌信息融入到用户日常的数字生活中，实现品牌认知、用户参与以及销售转化的目标。

在新媒体营销中，企业不仅通过单一的广告形式进行推广，而且通过多样化的内容创作（如短视频、直播、图文内容、互动游戏等）吸引用户的关注和参与。品牌可以通过微信公众号、微博、抖音等平台建立与消费者的直接联系，发布内容并与用户互动。这种营销方式不仅增加了品牌曝光度，还能够增强用户的参与感与信任度，从而提高品牌的忠诚度和影响力。

（二）新媒体营销与传统营销的区别

新媒体营销与传统营销在传播方式、用户互动、渠道选择等方面存在显著区别。

首先，在传播对象与互动方式上，传统营销通常采用单向传播的方式，例如电视广告、户外广告、报纸杂志等，信息从品牌方到消费者的传递过程中，消费者的反馈渠道有限，缺乏直接互动。而新媒体营销注重双向甚至多向的互动，企业与消费者之间的界限模糊，消费者通过社交媒体可以与品牌方直接交流，甚至参与到品牌传播的过程中。通过评论、点赞、分享等功能，消费者不再是被动的接收者，而是可以主动对品牌进行推广，推动品牌信息的二次传播。

其次，在渠道与媒介上，传统营销依赖于线下媒介（如电视、报纸、广播等）和单一的广告形式，而新媒体营销以数字化、社交化、移动端优先的形式为主。社交平台、搜索引擎、短视频和直播等数字渠道成为了营销的主要阵地，特别是在移动互联网的时代，手机成为了人们接触信息的主要工具。因此，移动端优先的营销策略成为新媒体营销的核心，在用户的碎片化时间内实现品牌曝光和推广。

新媒体营销还注重通过内容和体验与消费者建立情感连接，利用数据驱动的策略精准定位受众，而传统营销则更多依赖于大众媒介的广泛传播和覆盖范围。传统广告往往是标准化、统一的投放，而新媒体广告则可以根据用户数据进行个性化定制，从而提高营销的针对性和有效性。

（三）新媒体营销的核心特点

新媒体营销具有几个核心特点，使其与传统营销方式形成显著区别。

新媒体营销的特征与优势

1. 快速传播

新媒体的即时性和广泛的传播网络，使得品牌信息得以快速触达广泛受众。借助社交媒体的分享机制，用户可以通过点赞、评论、转发等方式将品牌信息传递至其社交圈，这种病毒式传播模式大大增强了营销信息的传播广度和速度。例如，热门的短视频或话题可以在几小时内获得数百万的浏览量，这种快速传播的能力是传统媒体无法比拟的。

2. 精准定位

新媒体营销依赖于大数据和人工智能技术，通过分析用户的行为、兴趣和消费习惯，实现精准定位。平台可以根据用户的年龄、性别、地理位置、兴趣等特征为品牌精准推送广告或内容，确保品牌信息能够触达最有可能成为消费者的目标群体。精准定位不仅提高了营销的效率，还大大降低了无效的广告成本。

3. 社交互动

在社交媒体平台上，品牌方可以直接与消费者进行实时互动。通过评论、私信、直播互动等方式，品牌方能够即时获取用户的反馈，并根据用户的建议调整营销策略。这种双向互动不仅提升了用户的参与感，还帮助品牌方更好地了解用户需求和偏好，从而实现更有效的市场定位。

4. 数据可视化

平台能够实时监控广告的点击率、观看时长、互动次数、转化率等数据，并将这些数据以可视化报表的形式呈现给品牌方。通过这些数据，企业能够精准分析营销效果，评估每一次营销活动的ROI（投资回报率），并根据实时数据对策略进行调整和优化。这种数据驱动的营销方式大大提高了营销的效率和科学性。

5. 实时反馈与迭代

新媒体营销的另一个显著特点是能够快速获得用户的实时反馈，并根据反馈进行策略的调整和迭代。不同于传统广告的固定周期和不可更改性，新媒体广告可以根据用户的点击率、互动率等指标实时调整投放策略、内容形式或推广节奏。例如，在直播带货中，商家可以根据观众的实时反应调整产品展示的顺序或推广力度，甚至可以根据用户反馈更换推广产品。这种快速反馈和策略迭代的能力使得新媒体营销更加灵活、机动，并能够在短时间内获得最佳效果。

二、新媒体营销的关键要素

（一）以用户为中心的理念

新媒体营销变现方式

以用户为中心的理念，指的是品牌在制定营销策略时，将用户的需求、体验和价值放在核心位置。这种理念强调的不仅仅是吸引消费者的注意力，而且要在与用户建立深度互动和理解的基础上，为用户提供有价值的体验。传统营销更多以产品或品牌为中心，企业主要关心的是如何最大化推销产品或提升品牌知名度，而新媒体营销则更注重用户的需求、感受和反馈，旨在通过与用户互动创造价值，从而增强品牌与用户之间的关系。

新媒体环境中，用户接触信息的方式和行为习惯发生了巨大变化，信息的过载使得用户更难保持长时间的注意力。因此，以用户为中心的营销理念成为必然选择。企业需要通过内容、服务和互动等多方面为用户创造价值，赢得用户的信任和参与。例如，用户不再满足于单纯接受广告信息，而是希望能够通过品牌的社交平台获得实用的知识、情感的共鸣，或者参与到品牌的生产和传播中。这意味着企业必须理解用户的需求和痛点，并提供有针对性的解决方案和个性化的内容。

为什么要以用户为中心？原因在于，用户的口碑和忠诚度直接决定了品牌的长期发展。新媒体时代，用户拥有更广的话语权和传播力，UGC（用户生成内容）和社交分享大大加快了信息的扩散速度并增强了其影响力。用户分享的体验和评价可能比品牌自身发布的广告更具信任度和传播力。通过打造良好的用户体验并激发用户的自发传播，品牌可以更有效地建立与用户的情感联系，并通过用户的社交网络实现病毒式的传播效应。

用户行为和偏好的变化极其动态，因此品牌需要通过不断与用户互动，及时获取反馈，并据此调整营销策略。举例来说，许多品牌在社交平台上进行产品的联合设计或投票活动，鼓励用户参与产品的设计决策。这种深度参与不仅提升了用户的归属感，还增强了品牌在用户心中的认同感。

（二）数据驱动的决策

数据能够帮助品牌深入理解用户的需求、行为和偏好，从而制定更有针对性的营销策略。新媒体平台可以收集到用户的点击、浏览、互动、购买等各种行为数据，这为品牌提供了全面的用户画像。通过大数据分析，品牌能够从庞大的用户数据中提取有价值的信息，洞察用户的消费习惯、兴趣偏好等，从而对用户进行细分，并精准定位目标群体。

传统营销依赖的是广泛的市场调研和数据分析，耗时耗力，且信息常常滞后。而在新媒体营销中，大数据的实时性使得品牌可以迅速调整并优化策略。例如，电商平台可以通过用户的购物行为，精准分析用户喜好，进而推送个性化的产品推荐。这种数据驱动的营销模式，显著提升了广告的投放效果，也降低了无效营销的成本。

通过对用户历史行为的追踪和分析，品牌可以为每个用户建立详细的画像，包括性别、年龄、兴趣、购买习惯、社交媒体互动等数据。这些数据为品牌提供了精准投放广告和制定个性化营销策略的依据。与广泛投放广告不同，基于用户画像的精准营销可以确保广告和内容能够触达最有可能成为消费者的目标群体。

诸如抖音、快手等短视频平台依赖智能推荐算法，根据用户的观看行为（如观看时长、点赞、分享等），推送相关性更高的视频内容。这不仅提升了用户的体验，延长了用户在平台上的停留时间，还增加了品牌广告的曝光机会。数据化管理使得品牌能够实时监控广告效果，并进行及时调整，确保资源得到最佳利用。

（三）多样化的内容形式

不同的内容形式能够满足不同用户群体的消费习惯，并通过多维度的表达方式增强品牌的吸引力。

短视频通过快速、娱乐化的方式传播信息，能够迅速抓住用户的注意力，并通过个性化的内容展示使品牌与用户产生互动。特别是在抖音、快手等平台上，短视频不仅应用于娱乐，还广泛应用于品牌的广告宣传、产品展示和品牌故事传播。直播则通过实时互动为用户提供了更具沉浸感的体验。品牌可以在直播中展示产品的使用场景，并与观众进行实时互动，回答问题、引导购买。直播带货尤其成功，用户通过直播间的即时优惠和互动体验，能够迅速做出购买决策，形成从内容展示到消费转化的闭环。

图文内容虽然不像短视频和直播那样具备即时互动性，但在深度信息传递上仍然具有独特优势。特别是在微信公众号、博客等平台，品牌可以通过图文内容传递更具深度和专业性的品牌信息，例如行业报告、品牌历史、技术介绍等。音频内容（如播客）也逐渐成为重要的内容传播形式，适合那些希望在轻松场景中接收信息的用户，比如在通勤、运动时收听。

内容营销与品牌故事的结合，通过讲述品牌的起源、理念和产品背后的故事，品牌能够更容易与用户产生情感共鸣。例如，奢侈品牌通过视频、图文等形式向用户展示品牌的工艺、历史和文化内涵，增强用户对品牌的情感认同。这种带有故事性和情感联系的内容不仅增强了品牌的吸引力，还提高了用户的忠诚度。

（四）社交平台的作用

作为用户互动和信息传播的主要场所，社交平台不仅是品牌推广的阵地，也是用户自发生成内容并分享体验的社区。社交平台的核心在于其强大的社交互动能力，它为品牌和用户之间提供了直接沟通的渠道，能够快速获得用户的反馈并进行策略调整。

品牌可以通过社交平台发布内容，利用平台的病毒式传播机制，通过用户的分享、转发、评论等方式实现信息的快速扩散。特别是通过与KOL（关键意见领袖）和网红的合作，品牌可以借助他们的影响力，精准触达目标受众。例如，化妆品品牌通过网红推荐可以直接影响消费者的购买决策，网红的信任背书为品牌提供了额外的信誉保障。

在小红书、抖音等平台上，用户可以在浏览内容的同时直接完成购买，打通了从信息传播到消费转化的全链路。这种模式不仅提升了用户的购物体验，也使得品牌能够更快实现销售转化。同时，社交电商中的口碑营销作用显著，用户的分享和推荐对其他潜在消费者的购买决策具有重要影响，形成了以用户为核心的病毒式传播网络。

三、新媒体营销的挑战与机遇

新媒体营销思维

（一）新媒体营销面临的挑战

1. 信息过载与用户注意力的稀缺性

在当今的信息时代，用户每天面临着大量的信息轰炸。社交媒体、短视频平台、新闻应用等渠道上充斥着海量内容，品牌方需要在大量同质化的内容中脱颖而出，吸引用户的注意力。这种信息过载不仅使得用户的关注时长变得稀缺，还增加了品牌在争夺注意力方面的难度。用户的注意力变得碎片化，他们在多任务处理的同时很难集中精力关注单一品牌或信息。

为了应对这一挑战，品牌方需要寻找新的方式来打破注意力壁垒。例如，短视频内容的兴起正是为适应碎片化的用户习惯，通过简短、有冲击力的视觉效果迅速吸引用户的眼球。然而，即便如此，品牌方也需要不断优化内容，以更具创意的方式传递信息。提升内容的创新性和互动性，不仅是吸引用户注意的关键，也是确保用户长时间停留的重要手段。

2. 用户隐私问题与数据安全的管理

在新媒体营销中，数据驱动的精准营销依赖于对用户行为的深入了解和数据分析。

随着隐私保护法规的出台，品牌方在使用用户数据进行营销时面临越来越严格的监管要求。

用户对隐私的关注逐渐提升，品牌方需要小心处理用户数据，避免过度侵入用户隐私。未授权的数据采集和不透明的隐私政策可能导致用户的反感，甚至损害品牌声誉。同时，数据泄露和网络攻击的风险也使得品牌方必须加强数据安全管理。这种对用户隐私和数据安全的挑战要求品牌方不仅要提高数据处理的合规性，还要增强用户的信任感。例如，明确告知用户数据收集的用途，增强隐私政策的透明度，可以帮助品牌方建立更具信任感的用户关系。

3. 社交平台的算法变化与品牌曝光的影响

社交媒体平台的算法变化对品牌的曝光度产生了直接影响。大多数社交平台都采用智能推荐算法，根据用户的兴趣、行为、互动频率等因素决定内容的展示顺序。品牌方无法完全控制其内容的分发和展示，必须依赖平台的算法来获得曝光机会。然而，算法的频繁变化意味着品牌方可能需要不断调整其策略以应对新的内容分发规则。例如，部分平台可能优先展示付费广告，导致品牌自然传播内容面临流量挤压困境，内容传播面临更多障碍。

为了应对这种挑战，品牌方不仅要及时了解平台的算法更新，还需要通过内容优化和多渠道布局来增加曝光机会。创造能够引发用户互动（点赞、分享、评论等）的内容，提升用户参与度，是在算法变化环境中确保品牌曝光的有效方式。此外，品牌方需要不断进行广告投入与内容创作的平衡，以确保付费推广与自然增长之间的合理搭配。

（二）新媒体营销的机遇

1. 利用技术创新提升营销效果

技术创新为新媒体营销带来了前所未有的机遇。人工智能（AI）、增强现实（AR）和虚拟现实（VR）等技术的应用，正在从多个角度改变品牌与用户的互动方式。AI在内容生成、用户数据分析、智能推荐系统等方面的应用，极大提升了营销的效率和个性化水平。例如，AI可以根据用户的浏览历史和购买历史，智能化地推荐与用户兴趣相关的产品或服务，从而提高转化率。AI还可以通过自然语言处理（NLP）和情感分析技术帮助品牌深入了解用户情绪，优化营销策略。

AR技术允许品牌在现实世界中为用户叠加虚拟信息，如通过AR试妆、试穿等方式让用户感受到更加真实的购物体验。VR则为品牌提供了沉浸式的传播手段，用户可以在虚拟世界中深入体验品牌的产品或服务，从而增强品牌的吸引力。这些新兴技术不仅能够提供更具互动性的营销体验，还为品牌打开了更多的创新空间。

2. 互动式内容与沉浸式体验的提升

互动式内容和沉浸式体验是未来新媒体营销的重要发展方向。相比于传统的单向信息传播，用户更期待通过互动和参与来与品牌建立联系。通过短视频、直播、游戏化内容等形式，品牌方可以为用户提供参与感更强的互动体验，增强用户与品牌之间的情感连接。

例如，许多品牌方通过社交平台的直播功能进行产品展示和互动，用户可以实时提问并参与讨论，品牌方能够在直播中立即回答用户的问题并推广产品，提升了实时性和互动性。此外，沉浸式体验，如虚拟活动、沉浸式广告和互动式短视频等，能够吸引用户更长时间的注意力，并增加品牌内容的趣味性。品牌方通过设计互动游戏、答题活动、AR滤镜等增强用户的参与度和记忆度，提升营销效果。

3. 与时俱进的品牌策略

新媒体的快速发展要求品牌方必须具备敏捷性和适应性，以应对不断变化的市场环境和用户需求。品牌方需要与时俱进，不断调整和更新其营销策略，以确保在竞争激烈的市场中保持优势。

品牌方在新媒体环境中应以用户需求为导向，结合时下的热门话题、流行趋势和新兴技术来设计营销活动。例如，实时营销（real-time marketing）就是品牌方借助热点事件或时事话题，迅速调整营销内容以增加曝光度和提高用户参与感的有效方式。品牌方要时刻保持对市场的敏锐洞察，快速捕捉流行趋势，并及时将其应用到营销策略中。

品牌方需要建立多样化的内容生产和传播策略，确保在不同平台上的一致性和创新性。例如，一些品牌方通过跨平台合作，推出符合各个平台调性的内容，确保内容能够广泛传播，扩大品牌影响力。

课内拓展

新媒体营销岗位主要工作

新媒体人才的岗位素养

课中·练

使用 AIGC 工具

任务布置：

我国目前已经有多家企业推出自主研发的生成式 AI，例如：阿里云的通义千问、百度的文心一言、笔灵 AI 等，可以辅助完成内容生产，让 AI 自动生成文本、图像、音频、视频等。

请大家使用 AIGC 工具辅助助农小店制定以强化"绿色健康"品牌形象为目的，具有精准性和有效性的营销策略。

任务要求：

4—6 人为一组，分组完成规定的任务。

任务实施：

（1）确定组长与副组长，组长负责分工，副组长负责记录。

（2）仔细阅读任务，选择适当的 AI 工具，开展新媒体营销策划。

（3）分析讨论总结，并在任务单中做好分析结果的记录。

成果提交与评议：

（1）各小组组长在规定时间内提交结果，并进行展示。

（2）在展示过程中，认真听取老师的评价与分析，并由副组长在任务单中做好记录。

表 1.2 任务单

任务名称		小组名称	
日期		时间	
组长		副组长	
其他成员			
任务讨论及说明			
方案实施过程			

续表

存在的问题以及解决方案

结果展示及说明

评分	

反思与总结	
优点	缺点

课后·测

一、填空题

1. 新媒体是一个随着互联网和数字技术的飞速发展而逐渐兴起的概念，包含了_____的多种形式。

2. 信息传播方式变为_____。

3. 在新媒体环境下，用户可以通过互联网主动搜索和订阅自己感兴趣的内容，信息获取变得更加_____。

4. AIGC通过机器学习和自然语言处理技术，能够自动_____ _____。

5. 新媒体营销的关键要素：_____、_____、_____、_____。

6.新媒体营销是指企业利用新媒体平台（如社交媒体、短视频平台、移动应用等）进行_____的一种营销方式。

二、多选题

1.新媒体与传统媒体的区别主要体现在（　　）的变化上。
A.信息传播方式　　B.内容生产模式　　C.传播渠道

2.新媒体作为一种新兴的传播形式，具有许多区别于传统媒体的特点，主要包括（　　）。
A.即时性　　　　B.交互性　　　　C.个性化　　　　D.社会性
E.信息碎片化　　F.传播速度的提升

3.新媒体的未来趋势为（　　）。
A.元宇宙与虚拟现实技术的应用　　B.互动与个性化趋势
C.多元平台和全球化传播

4.新媒体营销的核心特点为（　　）。
A.快速传播　　　B.精准定位　　　C.社交互动
D.数据可视化　　E.实时反馈与迭代

5.新媒体营销与传统营销在（　　）等方面存在显著区别。
A.传播方式　　B.用户互动　　C.渠道选择　　D.社交互动

项目二

新媒体平台与工具

任务目标

知识目标：
1. 了解新媒体主流平台的分类与特征
2. 理解各类新媒体平台的特点
3. 了解新媒体营销工具的分类与特点
4. 理解新媒体营销的未来趋势

技能目标：
1. 能够根据企业需求完成新媒体平台的选择
2. 能够借助工具完成社交新媒体营销

素养目标：
1. 能够分析调研数据并发现问题，具备数据思维
2. 具备团队协作能力
3. 具备求真务实的价值观念

情境导入

在数字时代浪潮下，大学生助农行动打算借助新媒体平台焕发新生。他们将运用抖音、微信视频号、淘宝直播等新媒体平台与工具，拆解农产品从田间到云端的全链路运营逻辑。大学生凭借创意与技术优势，将助农故事包装成爆款内容，这些创新实践，既为农产品打开了销路，也让乡村文化被更多人看见。

思维导图

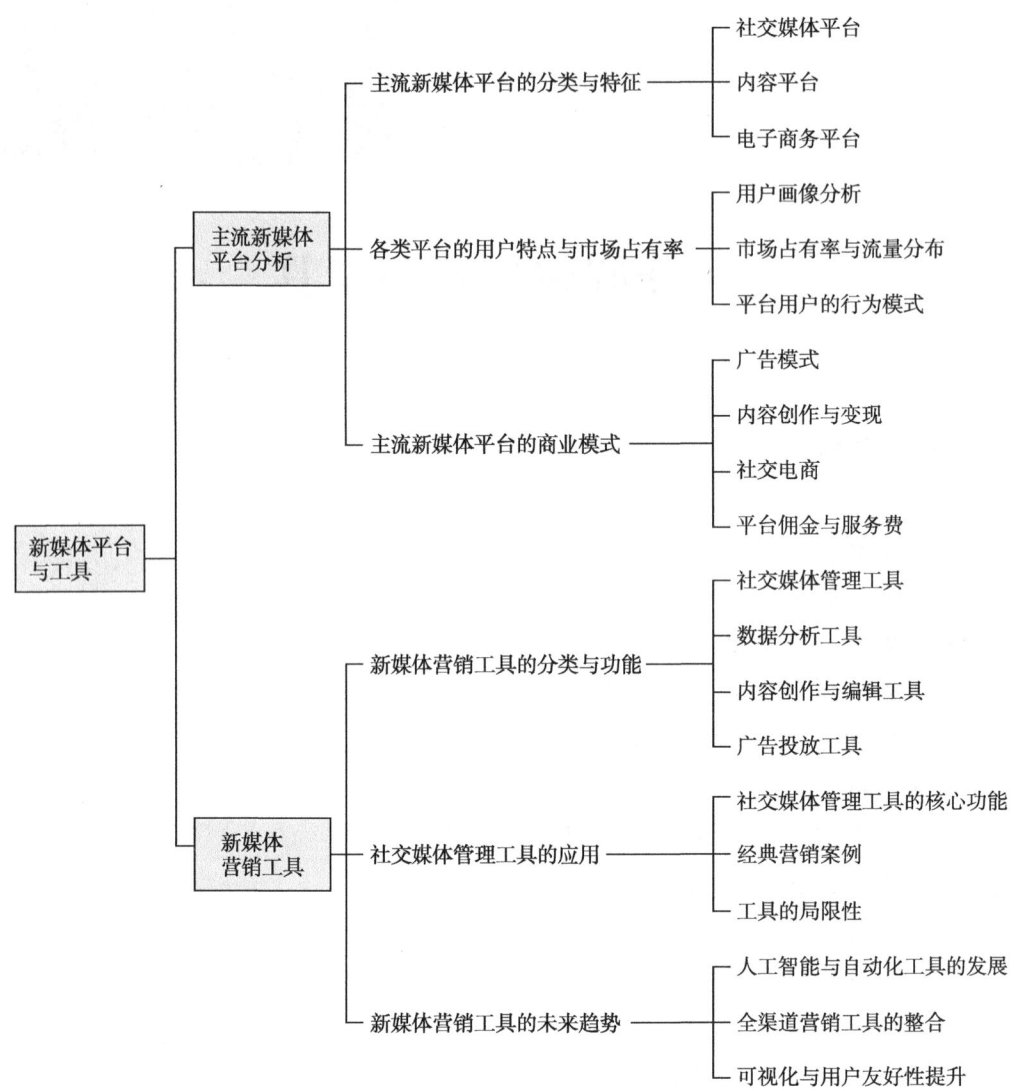

课前·思

1. 常见的新媒体平台都有哪些？我们又如何选择适当的新媒体平台？

_____

_____

_____

2. 新媒体营销与运营的过程中我们会用到哪些新媒体工具？

课中·学

任务一 主流新媒体平台分析

一、主流新媒体平台的分类与特征

（一）社交媒体平台

社交媒体平台以人与人之间的社交关系为基础，通过互动和分享实现信息传播。这类平台的核心在于社交网络，用户通过建立社交关系（如加好友、关注、加入群组等）来进行互动和信息交换。这些平台不仅为用户提供了沟通工具，也成为了信息发布和传播的重要渠道。

1. 微信

微信是腾讯于2011年推出的一款即时通讯应用，最初是为了方便用户通过移动端进行语音、文字和图片的即时沟通。然而，随着功能的不断扩展，微信已经超越了传统社交平台，成为了一个集社交、内容传播、移动支付、商业服务等多功能于一体的超级应用软件。如今，微信在全球拥有超过12亿的活跃用户，覆盖了从年轻人到中年人等广泛的用户群体，已成为中国人日常生活中不可或缺的一部分。

微信平台

（1）朋友圈

用户可以在朋友圈分享自己的日常生活、工作动态或者感兴趣的内容。朋友圈的社交互动形式包括点赞、评论等，通过好友关系链扩大内容的传播。

微信朋友圈

品牌方也借助朋友圈广告与用户互动,通过定向广告将品牌信息嵌入用户的朋友圈动态中。这种广告形式结合了社交网络的自然属性,使广告内容具有一定的隐私感和个性化,提升了用户接受度。

（2）公众号

公众号分为服务号、订阅号和企业号,品牌方通过公众号推送图文、视频、文章等内容,用户通过关注公众号定期接收品牌信息。这一功能使得品牌能够长时间与用户保持深度联系。公众号不仅是信息发布平台,也是用户获取资讯、服务和互动的重要窗口。品牌方通过公众号积累粉丝,还可以通过电商、支付、在线服务等功能实现用户转化。

（3）小程序

小程序是一个无需下载、即用即走的应用程序平台,它拓展了微信的应用场景,让用户可以在微信应用内轻松完成各种任务,如购物、支付、预订服务等。小程序与公众号、朋友圈广告等功能无缝结合,品牌可以通过小程序搭建电商平台、预订系统等功能,提升用户体验和品牌互动。这一生态系统帮助商家和品牌在微信平台内完成从营销到销售的全流程闭环,极大提升了转化效率。

（4）微信支付

微信支付不仅为社交和商业活动提供了支付解决方案,还成为线上线下无缝衔接的核心工具。通过微信支付,用户可以轻松完成线上购物、转账、线下扫码支付等操作。许多品牌方通过微信支付进行促销活动,如红包、满减等,从而增强用户黏性。

2. 微博

微博平台

微博是中国最大的公开社交媒体平台之一,最早于2009年推出。它类似于国外的Twitter,是一个以短信息分享为核心的社交平台,强调内容的公开传播和广泛参与。微博凭借其强互动性和话题聚合特性已发展成为热点话题和公共事件讨论的核心场域,吸引品牌方、媒体机构、KOL和大众用户的广泛参与。

微博的热搜话题榜单是用户和品牌最为关注的部分。通过热搜榜,用户可以迅速了解当下最热门的社会话题、娱乐新闻、公共事件等。这也成为品牌和媒体引导舆论、扩大影响力的重要渠道。许多品牌通过购买热搜位,结合热点进行话题营销,利用社交网络的裂变效应快速提升品牌曝光度和知名度。

微博的公开社交属性极大地促进了"用户生成内容（UGC）"的发展。用户可以随时随地发布微博,分享个人观点、生活动态或产品体验。UGC使平台内容更加多样化,也为品牌提供了丰富的社交口碑素材。用户通过转发、评论、点赞等方式参与内容传播,推动了信息的广泛扩散。品牌方常通过与用户的互动,提升品牌形象,并通过UGC内容拓宽社交话题的广度。

微博是明星、名人、KOL（关键意见领袖）集中活跃的平台，明星和KOL往往拥有庞大的粉丝群体，他们的意见和推荐能够显著影响用户的消费决策。许多品牌方与KOL合作，通过他们发布带有品牌信息的内容，或通过直播、视频、长文等形式推广产品，提升用户的信任感和购买欲。

微博的信息流广告通过平台的算法嵌入用户的时间线，与用户日常浏览的内容无缝结合，使广告展示更加自然。除了信息流广告，品牌方还可以通过购买热搜广告或参与热点话题营销，获得大规模的曝光。这些商业化功能使得微博成为品牌推广、舆论引导和事件营销的强大工具。

3. QQ

QQ是由腾讯开发的即时通讯工具，于1999年推出，初期作为PC端即时通讯软件广受欢迎。尽管随着微信的崛起，QQ的用户活跃度有所减弱，但它依然在年轻用户群体中具有较强的影响力。QQ不仅是即时通讯工具，还发展了QQ空间和群组功能，为用户提供内容分享和社交互动的场所。

QQ空间作为综合性社交平台，为用户提供发布动态、照片、日志和视频等多元化功能，类似于微信的朋友圈。用户可以在QQ空间中展示自己的日常生活，与好友互动，QQ空间的定制化、装饰功能也让年轻用户乐于打造个性化的社交空间。品牌可以通过QQ空间广告或活动页面推广产品，特别是针对年轻群体的品牌可以借助QQ空间的用户黏性和社交互动进行营销。

QQ群为用户提供了高效的沟通和交流平台，无论是工作团队、兴趣小组还是粉丝社群，QQ群都成为了用户讨论话题和分享信息的重要场域。品牌也可以通过创建或参与群组，组织线上活动、互动答疑或产品推广，从而增加用户黏性并促进社群运营。

QQ拥有庞大的虚拟消费系统，通过QQ会员、黄钻、红钻等增值服务，用户可以购买虚拟道具、装饰自己的个人空间或获得特权服务。这种虚拟消费模式在QQ用户中非常流行，也为品牌提供了与年轻用户群体进行互动的渠道。

4. 小红书

小红书成立于2013年，最初是一个海外购物分享平台，后来逐渐发展为一个以生活方式分享和产品推荐为核心的社交电商平台。小红书通过用户生成内容（UGC）和KOL（关键意见领袖）的互动，建立了强大的社区氛围，用户在平台上分享自己的购物体验、生活心得、美妆技巧、时尚穿搭等，形成了以内容为驱动的电商模式。

小红书平台

小红书的核心模式是"种草"，用户通过分享自己的购物体验和心得，推荐自己喜欢的商品，形成了UGC的口碑营销链条。这种内容形式让其他用户在浏览过程中产生购买冲动，进而形成购物决策。品牌可以通过与KOL合作或激励用户发布真实的产品评价,迅速积累口碑并推动销量增长。

小红书成功地将社交与电商结合在一起,用户可以通过笔记内容了解产品信息,并直接通过平台跳转到电商页面进行购买。这种无缝衔接的电商模式极大提升了购物体验,减少了用户从了解产品到购买的步骤。品牌可以通过在小红书上开展"种草"营销,并与淘宝、天猫等电商平台结合,实现用户的快速转化。

KOL 是小红书生态中的核心力量,品牌方通常通过与 KOL 合作进行精准营销。KOL 发布的产品体验和推荐不仅真实可靠,还通过其影响力扩大品牌在目标受众中的知名度。通过与 KOL 合作发布图文或短视频笔记,品牌可以更自然地融入用户的日常消费中,形成强烈的口碑效应。

这些社交媒体平台的主要特征基于社交关系进行内容传播和用户互动。用户通过评论、点赞、分享等方式参与到品牌内容的传播过程中,品牌方也可以通过社群运营、定向广告等方式与用户建立深度互动关系。

社交媒体平台适用于品牌推广、社群运营和用户互动。例如,品牌方可以通过微信朋友圈广告精准投放,或通过微博的热搜话题吸引大量关注。在小红书上,品牌方可以与 KOL 合作,通过种草和推荐来实现品牌推广。

(二)内容平台

内容平台的核心在于内容的生产、分发和消费,这类平台为用户提供了丰富的内容形式和互动体验,尤其以短视频和直播为代表,内容创作和传播是其核心驱动力。

抖音是中国领先的短视频平台,自 2016 年推出以来,凭借智能推荐算法迅速成为年轻用户的娱乐消费重心。抖音的核心在于其强大的个性化推荐系统,能够根据用户的行为和兴趣精准推送符合其偏好的短视频内容。平台上多样化的内容形式结合音乐、特效等元素,极大地提高了用户的使用黏性,使其成为年轻用户消磨碎片时间的重要工具。抖音的广告形式灵活多样,品牌可以通过短视频广告、挑战赛、品牌视频等进行推广,增强用户的互动性和参与感。其推出的品牌挑战赛能够通过用户生成内容(UGC)迅速扩散品牌影响力,此外,抖音的直播电商模式也愈发成熟,品牌方可以借助主播的影响力和直播间的实时互动,进行高效的产品销售和用户转化,成为品牌推广的重要手段。

抖音平台

与抖音类似,快手也是以短视频和直播为主的平台,但其用户构成和社区文化与抖音有所不同。快手更侧重于下沉市场,用户多来自三四线城市及农村地区,内容创作更强调普及性和真实性。快手的独特之处在于其强烈的社区归属感和互动性,平台用户不仅收看内容,更喜欢分享自己的生活点滴,通过视频展示日常生活,与观众建立紧密的情感联系。与抖音的娱乐性内容相比,快手的短视频内容更加贴近用户的实际生活。这种草根文化赋予了快手平台独特的真实感,品牌方在快手上的推广可以更加自然地融入用户的社交网络中。与此同时,快手的直播带货模式也在电商领域取得了显著成就,尤其是在下沉市场中,用户通过直播购物已经成为主流的消费方式之一。

哔哩哔哩(B站)平台最初是一个专注于二次元文化的社区,但如今已经发展成为一个以年轻用户为主的多元化内容平台。B站的核心用户为90后和00后,平台的用户黏性极高,用户对平台的归属感和文化认同感使其成为品牌进行深度内容营销的理想场域。与抖音和快手侧重于娱乐和社交不同,B站上的内容更加多样化,从动画、游戏到科技、知识类视频,涵盖了丰富的文化和生活领域。B站的用户对内容质量要求较高,品牌方在B站进行营销时,需要通过专业化、深度内容的创作与用户建立长期的关系。因此,品牌常常通过与UP主合作,发布深度测评视频或科普类内容,向用户传达品牌价值。这种以内容驱动的营销方式,不仅提升了品牌形象,还增强了用户的信任感。B站的创作者通过广告分成、直播打赏和会员制等途径变现,这也推动了平台内的内容生态健康发展。

今日头条则是一个以智能推荐算法为核心的新闻资讯平台,通过个性化内容推荐为用户提供新闻、娱乐、视频等丰富的内容。今日头条的强大之处在于其智能推荐系统,能够根据用户的阅读行为和兴趣标签,推送符合个人喜好的信息流内容。这种高度个性化的内容分发模式极大地提高了用户的使用黏性,使用户能够快速获取与其兴趣相关的信息。品牌可以通过今日头条的精准广告投放功能,在信息流中嵌入品牌内容,实现精准触达。相比传统新闻平台,今日头条的内容覆盖面更广,包括新闻、短视频、娱乐资讯等,成为用户日常内容消费的核心平台之一。通过广告、付费内容和品牌合作,今日头条为品牌方提供了多元化的营销选择,确保品牌信息能够有效传达给目标用户。

这些内容平台的主要特征在于内容丰富性和多元化形式,包括短视频、长视频、图文、直播等。平台依赖于大数据和推荐算法,将符合用户兴趣的内容推送给特定用户,极大提升了内容的精准分发效率。

内容平台适用于短视频营销、直播带货和内容创作分发。例如,抖音和快手是短视频广告和直播带货的重要阵地,品牌方通过创意视频或与网红主播合作,推广产品并实现销售转化。B站则更适合通过长视频进行品牌故事讲述或科普内容的传递,提升品牌形象和认知度。

(三)电子商务平台

电子商务平台的主要功能是为用户提供在线购物和交易服务。随着电商模式的不断发展,这些平台不仅提供传统的购物功能,还通过社交电商和直播带货等形式,增强了购物的互动性和体验感。

淘宝:作为中国最大的电商平台,淘宝涵盖了各类商品的在线销售,用户可以通过搜索、推荐等方式浏览商品。淘宝直播已成为品牌和商家销售的重要方式，主播通过实时互动与观众交流产品信息，促使用户即时下单购买。

京东：京东以自营物流和高品质商品著称，品牌方可以通过京东平台进行标准化的商品销售和促销活动。京东的直播和短视频功能也逐渐成熟，品牌方通过这些内容推广形式，进一步提升与用户的互动，赢得更多销售机会。

拼多多：拼多多采用了社交电商的模式，用户通过拼团购买商品，可以以更低的价格获取商品。拼多多通过拼单、砍价等社交互动刺激用户参与购买，快速扩大了市场份额。

抖音电商：抖音电商通过其短视频和直播带货功能，直接实现内容与购物的无缝对接。品牌和主播可以在抖音上展示产品，通过直播间与用户互动，并引导用户点击链接完成购买。

这些电商平台的主要特征在于在线购物与社交电商的结合。直播带货作为电商平台的一大亮点，增强了购物的实时互动性，用户可以在直播中了解商品的细节，享受即时的购物体验。此外，社交电商通过拼团、推荐等方式，让购物变得更加社交化和互动化。

电子商务平台适用于电商促销、商品推广和线上销售。品牌可以通过淘宝、京东等平台举办大规模的促销活动，并利用直播带货功能实现更高效的销售转化。在拼多多上，品牌可以通过社交裂变式的拼团、砍价活动，快速吸引大量用户，实现品牌曝光和销量提升。

二、各类平台的用户特点与市场占有率

（一）用户画像分析

1. 用户年龄层次的差异

不同平台的用户群体呈现出显著的年龄层次差异，这一差异对平台的内容形式和营销策略有直接影响。

抖音与快手的用户群体主要是年轻人。抖音和快手的主力用户多为90后和00后，他们注重娱乐性、个性化的内容消费，偏好短视频和直播等富有互动性、节奏快的内容形式。这一群体具有较强的消费意愿，尤其是对新潮品牌和网红推荐的产品更容易产生消费冲动。

微信的用户群体则较为广泛，但以中年用户为主。随着微信功能的丰富，越来越多的中年用户成为其核心使用群体，尤其是在工作和生活中依赖于微信的即时通讯、支付和内容获取等功能。公众号和朋友圈是中年用户获取资讯和进行互动的主要渠道。

2. 性别分布

不同平台的用户性别分布也影响了其市场定位和广告投放策略。

小红书的女性用户占比非常大,其社区性质和内容主要围绕时尚、美妆、生活方式等话题,吸引了大量的年轻女性用户。女性用户在该平台上不仅是内容的主要消费者,也是分享经验和作出购买决策的重要参与者。

哔哩哔哩(B 站)的用户则以年轻男性为主,平台起源于二次元文化和游戏视频,逐渐扩展到更广泛的内容领域,但年轻男性用户仍是主要群体。他们偏好游戏、动漫、科技等内容,因此该平台适合与这些领域相关的品牌方和广告主进行合作。

3. 用户使用习惯

各平台的用户使用习惯也有所不同,这影响了用户与品牌方互动的方式和频率。

短视频平台(如抖音、快手等)的用户偏好碎片化内容消费。他们往往在空闲时间刷视频,消费内容的时间短但频次高。用户习惯通过点赞、评论和转发等互动方式与内容创作者进行快速交流,短视频的爆发式传播使得品牌能够在短时间内获得广泛的曝光。

社交媒体平台(如微信、微博)的用户使用习惯则倾向于持续互动。用户通过朋友圈或微博时间线与好友互动,或通过关注的公众号获取信息,品牌方可以通过持续发布内容来保持与用户的长线联系,适合长期品牌建设和精准营销。

(二)市场占有率与流量分布

微信在中国拥有超过 12 亿用户,其日活跃用户数也居于主流新媒体平台的首位。凭借其强大的社交生态和多功能应用,微信不仅在通讯上占据核心地位,还涵盖了支付、内容消费、购物和企业服务等广泛领域,成为移动互联网生态的重要组成部分。尤其是通过微信朋友圈、公众号、小程序等功能,微信为品牌提供了丰富的营销场景和用户触达方式。

短视频平台如抖音、快手的用户近年来增长迅猛。截至 2024 年 12 月,抖音的月活跃用户已经超过 8 亿,快手则拥有超过 3 亿月活跃用户。短视频的高互动性和强娱乐性让这些平台在年轻人群体中迅速普及。抖音和快手通过精准的推荐算法,将个性化内容推送给用户,极大提升了用户黏性,增加了其内容消费时长。两者在移动端的巨大流量,使其成为品牌推广和广告投放的重要平台。

拼多多通过社交电商模式实现了迅速崛起。自成立以来,拼多多凭借拼团、砍价等社交互动方式吸引了大量的下沉市场用户(主要为三四线城市及农村用户)。拼多多平台的用户数量已经突破 8 亿,其快速增长得益于低价、促销和社交分享模式,这使其在电商市场中与淘宝和京东形成了差异化竞争。拼多多的市场定位非常明确,品牌在该平台可以通过大规模促销和社交互动来快速获取用户关注并实现订单转化。

(三)平台用户的行为模式

微信用户的行为模式体现在社交和消费的深度融合。用户不仅用微信进行日常的社交沟通，还在消费、支付、获取资讯等多个场景中频繁使用微信。例如，用户可以在微信朋友圈中浏览好友的动态、参与品牌的广告互动，或者通过公众号了解品牌方的最新活动和产品信息。小程序和微信支付的整合，使得用户可以在微信内完成从信息获取到支付购买的完整消费链条，这种无缝衔接的用户体验让微信成为品牌营销的重要平台。

抖音和快手的用户行为主要集中在短视频观看和直播互动上。短视频成为用户消磨时间的主要形式，而直播则通过与主播的实时互动进一步增强了用户的参与感和信任感。抖音用户平均每天花费的时间长达数十分钟到数小时，品牌方通过创意短视频和与网红合作可以有效吸引用户的关注。快手用户则倾向于在直播中与主播进行深度互动，特别是通过直播带货，用户可以快速下单购买产品。

在电商平台上，用户的购物行为往往集中在促销活动期间。淘宝和拼多多用户尤其如此，在"双十一""618"等大型促销活动期间，用户的购物行为显著增加。这些促销活动通过折扣、满减、限时秒杀等方式激发了用户的购买欲望。拼多多用户则更多依赖于拼团、砍价等社交电商模式，在社交互动中完成购物行为。品牌方可以通过在这些促销节点推出优惠活动来吸引更多的用户流量，实现更高的销售额。

三、主流新媒体平台的商业模式

(一)广告模式

广告是新媒体平台的重要收入来源之一。通过用户行为和兴趣分析，新媒体平台能够为广告主提供精准的广告投放方案。不同类型的广告形式使得品牌方能够在多种场景中触达用户。

1. 微信朋友圈广告

微信依托于其广泛的用户基础，微信广告具有极强的针对性。朋友圈广告通过用户的社交关系链进行传播，用户在浏览朋友圈时会看到品牌的广告。这类广告以原生的形式嵌入用户的社交动态中，用户可以点赞、评论或分享广告，从而实现广告的进一步扩散。微信广告的优势在于其强大的用户数据分析能力，可以根据用户的年龄、性别、兴趣、地理位置等特征精准投放广告，帮助品牌更高效地触达目标群体。此外，微信的公众号广告和小程序广告也是品牌常用的投放方式，尤其适用于需要较长篇幅展示产品或服务的品牌。

2. 微博热搜广告

微博的广告模式主要集中在热搜榜和信息流广告上。微博热搜广告是品牌通过付费的方式,将相关话题或产品推送至热搜榜的显著位置,借助热门话题的引导吸引用户的关注。由于微博的开放式社交网络和热点效应,热搜广告具有广泛的传播能力,尤其在营销活动中能够产生快速的品牌曝光。此外,信息流广告通过智能算法嵌入用户的微博时间线,与用户的日常内容流无缝衔接,用户可以通过滑动浏览广告内容。这种广告形式不仅不打扰用户体验,还能在社交互动中自然传播品牌信息。

3. 抖音信息流广告

抖音依赖于强大的算法推荐机制,信息流广告是抖音的重要商业模式之一。信息流广告以短视频的形式嵌入到用户刷视频的过程中,广告内容通常与用户的观看偏好高度相关,因此具有较高的用户接受度和转化率。抖音的广告投放通过精准的数据分析,可以根据用户的浏览行为、兴趣标签等维度实现个性化推荐,确保品牌信息能够有效地触达目标群体。此外,抖音平台还支持挑战赛、品牌特效等互动广告形式,进一步增强了用户的参与感和品牌的传播力度。

4. 淘宝、京东的电商广告

淘宝和京东等平台提供了多种广告投放方式,帮助品牌方在激烈的电商竞争中脱颖而出。品牌专场广告通常用于大型促销活动期间,通过专属页面和推广资源为品牌方提供高曝光度。商品展示广告则通过产品推荐和搜索结果中的广告位吸引用户点击。这些广告形式结合电商平台的购物环境,直接引导用户进行商品购买,广告转化率相对较高。

(二)内容创作与变现

随着用户对优质内容越来越大的需求量,内容创作者逐渐成为新媒体平台的重要组成部分。这些创作者通过创作视频、进行直播等形式,在平台上变现,平台也通过为创作者提供工具和资源,形成内容生态的良性循环。

抖音和快手作为短视频和直播平台,为创作者提供了多种变现途径。首先,创作者可以通过打赏功能获取收入。用户在观看直播或短视频时,可以购买虚拟礼物向创作者打赏,创作者将根据平台的分成规则获得相应的收入。此外,平台还提供了广告分成模式,创作者通过植入广告或推广产品获得广告收入,这种模式尤其适合拥有大量粉丝的网红和 KOL。最后,直播带货成为了创作者变现的核心模式之一。创作者通过直播与观众互动,展示产品并引导购买,这种形式结合了内容和电商的优势,帮助创作者在娱乐和互动中实现销售转化。

哔哩哔哩(B 站)的内容创作者被称为 UP 主,他们通过多个渠道变现。首先,UP 主可以通过广告合作获得收入,品牌方可以通过与 UP 主合作,在视频中进行产品推广或赞助。其次，B 站的大会员制度也是 UP 主的重要收入来源之一。用户通过购买 B 站大会员享受更优质的内容体验，UP 主根据会员观看量和其他数据获得平台分成。此外，UP 主还可以通过直播打赏获取粉丝的支持，在直播过程中，用户可以购买虚拟礼物，UP 主从中获得收益。这种多元化的变现模式为内容创作者提供了稳定的收入来源，并推动了高质量内容的持续输出。

（三）社交电商

社交电商模式将社交互动与电子商务相结合，通过社交网络中的裂变传播，实现商品的快速推广和销售。这种模式的核心在于用户通过社交平台进行商品推荐和分享，促成消费行为。

拼多多以拼团购物和好友助力为核心的社交裂变模式在中国电商市场迅速崛起。拼多多鼓励用户通过邀请好友拼团来获取低价商品，拼团的过程中不仅加强了用户之间的社交互动，还通过社交网络的传播效应为平台带来了大量新用户。好友助力的功能进一步加深了这种社交裂变，用户通过邀请好友为其砍价，从而以更低的价格购买商品。这种模式不仅能够大幅降低用户的购物成本，还激发了用户的购买欲望，拼多多因此在三四线城市及农村市场迅速扩大市场份额。

微信通过小程序和公众号实现了电商与社交的紧密结合。品牌方可以通过公众号推送内容，吸引用户关注并将其引导至小程序商城中完成购买。小程序无需安装，可以在微信内直接使用，极大地降低了用户购物的门槛。微信支付的无缝对接也使得用户能够快速完成支付流程。

小红书作为社交平台与电商的结合体，通过用户的分享和推荐，建立了强大的"种草"效应。用户在小红书上分享产品体验，其他用户被吸引后可以直接通过链接跳转到淘宝或其他电商平台完成购买，形成从内容到消费的闭环。

（四）平台佣金与服务费

电商和内容平台通常通过佣金和服务费来获得收入。平台为商家或内容创作者提供销售或推广渠道，并根据销售额或推广效果收取相应的费用。

淘宝和京东主要通过收取商家入驻费和交易佣金来实现盈利。商家在入驻平台后，需要支付一定的服务费，平台为商家提供流量支持、技术服务、物流支持等。与此同时，平台还会根据商家的销售额收取一定比例的交易佣金。这种模式使得平台能够持续获得稳定的收入，同时激励商家通过广告、促销等方式增加销量，扩大平台的整体交易规模。

短视频平台如抖音和快手通过直播带货的模式快速实现了商业化。品牌和商家可以通过与网红或主播合作，利用直播间展示产品并引导用户购买。平台通常会从每笔交易中抽成作为收益，这种模式不仅为平台带来了稳定的收入，还强化了平台内容创作与商业销售的结合。直播带货的即时性和互动性，使得这种商业模式非常适合商品促销和品牌推广，平台因此获得了大量的流量并增强了用户黏性。

课内拓展

快手平台

微信视频号分析

课中·练

新媒体平台的选择

任务布置：

根据比赛提供的农产品特点，助农小组在互联网上进行新媒体营销与推广的平台选择，分别从社交媒体平台、内容平台、电子商务平台中进行，选择更适合农产品推广条件的新媒体平台作为最终的营销推广平台。

任务要求：

（1）4—6人为一组，分组完成规定的任务。

（2）在互联网上进行查询，以了解各个平台在农产品方面的优惠政策。

（3）对比各个平台的农产品政策，选择合适的新媒体平台作为小组的营销与推广平台。

任务实施：

（1）确定组长与副组长，组长负责分工，副组长负责记录。

（2）仔细阅读任务，利用互联网搜索各新媒体平台相关信息。

（3）分析讨论总结，并在任务单中做好分析结果的记录。

成果提交与评议：

（1）各小组组长在规定时间内提交结果，并进行展示。

（2）在展示过程中，认真听取老师的评价与分析，并由副组长在任务单中做好记录。

表2.1 任务单

任务名称		小组名称	
日期		时间	
组长		副组长	
其他成员			
任务讨论及说明			
方案实施过程			
存在的问题以及解决方案			
结果展示及说明			
评分			
反思与总结			
优点		缺点	

任务二 新媒体营销工具

一、新媒体营销工具的分类与功能

随着新媒体营销的深入发展，品牌和企业越来越依赖各种工具来提升营销效果、优化工作流程和改善用户体验。新媒体营销工具主要可以分为四大类：社交媒体管理工具、数据分析工具、内容创作与编辑工具以及广告投放工具。它们各自承担着不同的功能，在新媒体营销的各个环节中发挥着至关重要的作用。

（一）社交媒体管理工具

社交媒体管理工具是帮助品牌和企业高效运营其社交媒体平台的核心工具。这类工具主要用于管理多个社交媒体账户、内容发布和互动管理等任务。对于涉及多平台运营的品牌，这类工具大大简化了复杂的工作流程。

常见的社交媒体管理工具包括微盟、有赞和晓程序助手等。微盟是针对微信生态开发的社交媒体管理工具，专注于为企业提供社交营销、电子商务营销解决方案。它帮助企业在微信、小程序和公众号中进行有效的营销活动。有赞也提供类似的解决方案，适用于社交电商和多平台管理。而晓程序助手主要侧重于微信小程序的运营和推广管理，通过这一工具，企业可以监控小程序的运行情况，优化用户体验。

这些工具的功能涵盖了账号管理、内容发布、营销活动策划和数据跟踪等。品牌可以通过这些工具统一管理多个社交平台上的账户（如微信、微博、抖音等），在同一个平台上规划、发布内容，并及时跟踪各个账户的动态。借助这些工具，品牌可以设计并发布针对不同社交媒体平台的营销内容，策划促销活动，并实时监测用户反馈。部分工具还提供智能推荐功能，帮助品牌优化内容的发布时间和互动策略，以确保更高的用户参与度。

社交媒体管理工具的最大优势是其多平台支持功能。通过这些工具，品牌无需在不同的平台间来回切换，而可以在同一平台上同时管理多个账号，从而极大提高了工作效率。此外，这些工具还配备了数据分析功能，帮助品牌方监测每个账号的表现，分析内容的互动效果，生成详细的用户数据报告，使品牌方能够更好地优化其营销策略。通过互动管理功能，品牌可以实时查看用户的评论、私信、点赞等互动信息，帮助品牌方迅速与用户沟通，提升客户服务质量。

（二）数据分析工具

数据分析工具是新媒体营销中不可或缺的一部分。这类工具的主要功能是帮助品牌方分析用户行为、监测流量来源和跟踪营销效果。通过对数据的分析，品牌方可以更好地了解用户需求，优化营销决策。

一些常用的数据分析工具包括友盟+、百度统计和GrowingIO等。友盟+是一款广泛使用的移动端数据分析工具，能够帮助开发者和品牌方全面跟踪用户的行为路径，分析用户行为特征。百度统计主要侧重于网站和应用的数据分析，帮助品牌方了解流量来源、用户停留时长、转化率等关键信息。而GrowingIO是一款专注于用户增长的分析工具，它通过用户数据追踪和行为分析，帮助品牌方提升客户留存率和转化率。

数据分析工具主要包括用户行为数据分析、流量来源分析和营销效果跟踪。通过用户行为数据分析，品牌方可以深入了解用户的操作路径，了解用户在网站或应用上的行为轨迹，例如页面停留时间、点击路径等。这类工具还可以帮助品牌分析流量来源，判断用户是通过搜索引擎、社交媒体广告还是其他渠道访问网站或应用的。通过对这些流量来源的分析，品牌方可以更好地分配其营销预算。此外，数据分析工具还支持营销效果跟踪，帮助品牌方评估每一场活动的效果，及时调整策略。

数据分析工具的核心优势在于其实时数据追踪功能，这使得品牌方可以在营销活动期间及时获取反馈，快速调整策略，以提高广告投放和活动策划的效果。它们还提供了用户画像分析功能，帮助品牌方根据用户的行为数据绘制详细的用户画像，从而实现更精准的营销。品牌方可以根据用户画像的特点，设计更有针对性的内容和广告策略，提升转化率。通过精准营销决策支持，这些工具能够帮助品牌更好地分配资源，实现最高的营销回报。

（三）内容创作与编辑工具

内容是新媒体营销的核心，富有创意和高质量的内容能够有效吸引用户的注意力，提升品牌的曝光率和用户互动。内容创作与编辑工具可以帮助品牌方和创作者快速生成和编辑高质量的图像、视频等内容。

常用的内容创作与编辑工具包括美图秀秀、剪映和快影。美图秀秀是一款专注于图像编辑的工具，适合用户轻松修图和设计社交媒体内容。剪映和快影则是视频编辑工具，适用于剪辑抖音、快手等短视频内容平台的视频。这些工具通常提供多样的模板、滤镜、特效等，让用户和品牌方能够轻松制作出专业级别的内容。

内容创作与编辑工具的功能主要集中在图像设计、视频编辑和内容生成上。通过图像设计功能，用户可以快速生成适合社交媒体平台的海报、封面等视觉内容。视频编辑工具则提供剪辑、配音、添加字幕和特效等功能，用户可以用这些工具轻松制作具有吸引力的短视频内容。此外，这些工具通常提供丰富的模板支持，用户可以通过现成的模板快速完成内容创作。

内容创作与编辑工具的优势在于其操作简便，即使是没有专业设计背景的用户，也可以通过这些工具轻松完成高质量内容的创作。工具中提供的丰富模板和多样特效帮助用户快速生成适合社交媒体和短视频平台的内容。无论是图像设计还是视频剪辑，这些工具的功能都能灵活适应不同平台的需求，帮助品牌方更好地传递其信息。

（四）广告投放工具

广告投放是新媒体营销中至关重要的一环，广告投放工具帮助品牌方在各大平台上进行精准的广告投放、受众定位和效果监控。这些工具让广告主能够实时优化广告策略，提升广告投放的效果和转化率。

常见的广告投放工具包括巨量引擎（抖音）、广点通（腾讯广告）和阿里妈妈等。巨量引擎是抖音母公司字节跳动的广告投放平台，品牌可以通过该工具在抖音、今日头条等平台进行广告投放。广点通是腾讯旗下的广告投放系统，覆盖了微信、QQ、腾讯视频等多个平台，广告主可以根据用户数据进行精准的受众定位。阿里妈妈则是阿里巴巴的广告平台，主要为淘宝、天猫等电商提供广告投放解决方案。

广告投放工具的主要功能包括广告投放管理、受众定位和实时效果监控。通过这些工具，品牌可以轻松管理不同平台的广告投放，并根据用户的年龄、性别、地理位置、兴趣等维度进行精准的受众定位。此外，这些工具支持实时广告投放效果的跟踪和数据反馈，广告主可以根据实时数据调整投放策略，优化广告表现，确保最佳的广告效果。

广告投放工具的核心优势是精准投放，它们通过强大的用户数据分析，帮助品牌方精准锁定目标受众，确保广告信息能够触达最有可能产生转化的用户群体。广告主可以根据实时数据进行优化广告策略，从而降低广告成本、提高 ROI（投资回报率）。同时，广告投放工具提供详细的数据反馈，使得广告主能够随时了解广告的表现并进行调整，从而最大化广告的效果。

二、社交媒体管理工具的应用

（一）社交媒体管理工具的核心功能

社交媒体管理工具的核心功能是帮助品牌和企业在多个平台上高效管理其社交媒

体账户，从内容策划到用户互动，再到多平台的整合运营，提升营销效率与效果。

1. 内容排期

内容排期功能是社交媒体管理的基础，帮助企业规划和安排内容发布的时间表。通过这个功能，品牌方可以提前创建和编辑社交媒体内容，并设定发布时间，确保内容按时推送给用户。这一功能极大减少了人工操作的失误，并帮助企业在不同的时间段有计划地发布内容，增强用户黏性。例如，品牌方可以根据受众的活跃时间，精准设定内容的发布时段，提高用户的参与度。

2. 互动管理

互动管理使品牌能够实时跟踪用户的评论、私信和其他社交互动。通过这一功能，品牌方可以快速响应用户的问题和反馈，从而提升客户服务质量。与传统的社交媒体手动管理方式相比，互动管理功能能够自动分类和优先处理重要的用户互动，确保用户得到及时回应，避免重要的客户或商机被遗漏。它还可以帮助品牌监控用户对内容的反馈，分析评论和互动数据，为后续内容优化提供参考依据。

3. 多平台管理

现代社交媒体管理工具如微盟等，提供多平台支持，品牌方可以同时管理多个社交媒体账户，包括微信、小程序、微博等。通过一个统一的平台，企业可以在不同的社交渠道上同步发布内容、监控互动和分析数据，这种多平台管理极大提升了运营效率。尤其对于那些在多个平台上活跃的品牌，多平台管理减少了在不同平台间来回切换的麻烦，并为企业提供一个集中管理和分析的视角，使社交媒体的整体运营更加有序和高效。

（二）经典营销案例

某国内知名服装品牌通过使用微盟进行社交媒体和电商的结合运营，成功提升了销售额和用户参与度。该品牌方通过微信公众号定期发布新品资讯、时尚搭配建议，并在微信推文中嵌入小程序商城的链接，用户可以直接点击购买产品。微盟的多平台管理功能帮助品牌方实时监控微信、小程序等平台的用户互动和交易数据，优化营销策略。

通过微盟，品牌方能够根据用户的行为数据推送个性化的优惠券和折扣信息，精准触达目标受众，增强了用户黏性。在活动期间，该品牌方还通过微盟举办了线上直播和社群活动，进一步扩大了品牌的影响力。最终，品牌方实现了社交与电商的无缝连接，在微信生态内构建了一个完整的营销和销售闭环。

某小型餐饮企业通过使用有赞小程序成功进行了本地化营销。在疫情期间，该餐饮企业通过微信社群与本地用户保持紧密联系，并利用有赞的小程序商城提供外卖服务。通过社群，企业及时向用户发布每日推荐菜品、优惠活动和订餐信息，用户可以通过社群中的链接直接进入有赞小程序下单。

有赞的多功能管理平台帮助该餐饮企业实现了订单管理、配送跟踪、客户反馈等功能的自动化处理。通过有赞的营销工具，餐饮企业还推出了会员积分、优惠券等活动，提高了用户复购率和忠诚度。这一成功案例展示了小程序在本地化营销中的重要作用，尤其对于中小型企业，有赞提供了一个高效且易于操作的社交电商平台。

（三）工具的局限性

尽管社交媒体管理工具在提升品牌运营效率和简化操作流程方面具有巨大优势，但这些工具也存在一些局限性，品牌方在使用工具过程中需要谨慎平衡自动化与个性化的需求。

1. 自动化工具的局限

虽然社交媒体管理工具提供了强大的自动化功能，帮助品牌方节省时间和精力，但过度依赖自动化工具可能导致品牌方失去与用户的个性化互动。自动化工具通常只能处理预设的回复和互动，而用户在社交媒体上期待的是更真实和个性化的交流。如果品牌方一味依赖自动化回复，可能会忽视用户的个性需求，从而失去品牌的亲和力和互动性。为了弥补这一缺陷，品牌方需要在自动化与人工互动之间找到平衡点，确保高效管理的同时不丢失人性化的客户服务。

2. 平台限制

另一个局限性是不同平台的功能开放程度。社交媒体管理工具的功能往往受到各大平台的接口权限限制。某些平台可能不会向第三方工具开放所有功能，导致品牌方无法充分利用工具的全部潜力。例如，有些平台可能限制了数据的提取或广告投放的自动化操作，这使得工具的功能在某些平台上无法全面发挥。这就要求品牌方根据不同平台的特点，灵活调整其运营策略，避免对某一工具的过度依赖。

三、新媒体营销工具的未来趋势

（一）人工智能与自动化工具的发展

未来，新媒体营销工具将更多地依赖人工智能（AI）和自动化技术，以提升营销效率和精准性。人工智能的深度学习算法能够帮助品牌方更精准地分析用户行为、兴趣和偏好，为品牌方提供更具针对性的营销建议。例如，AI 技术可以通过自动分析社交媒体平台上的用户数据，预测受众的潜在需求，帮助品牌方更好地定制内容和广告，优化营销策略。

自动化工具的发展将进一步减少人工干预，使品牌方能够更快速、高效地开展营销活动。自动化不仅可以用于内容发布、互动管理等传统功能，还能够在广告投放、客户关系管理（CRM）、营销数据分析等环节中发挥作用。例如，未来的自动化工具将能够根据用户的实时行为自动调整广告投放策略，或者根据用户的生命周期自动发送个性化的邮件和推送通知。通过自动化手段，品牌方可以在短时间内触达更多用户，优化用户体验的同时也减少了人工成本。

人工智能与自动化工具的结合将实现更智能的用户交互体验。智能客服机器人将变得更加成熟，通过 AI 技术，品牌方可以使用更加智能的客服系统来处理用户的常见问题，并在复杂场景下提供个性化的解决方案。品牌方将能够更高效地处理用户反馈，提升客户服务的质量和效率。

（二）全渠道营销工具的整合

未来的营销环境将更加趋向于全渠道整合，即整合线上和线下的各种营销渠道，提供无缝的用户体验。消费者的购物行为和信息获取方式日趋多样化，品牌方需要在多个渠道中建立一致的沟通和营销策略。为此，新媒体营销工具将朝着全渠道营销工具的整合方向发展。

全渠道营销工具可以帮助品牌方同时管理多个平台、渠道和触点，统一营销策略，实现从广告投放到用户互动、从内容生成到数据分析的全方位整合。例如，一个消费者可能会通过社交媒体了解品牌，浏览品牌官网进行商品比较，并在实体店完成购买。全渠道营销工具能够将这些不同的触点统一整合，帮助品牌方掌握用户在各个渠道的行为轨迹，实现更加个性化和一致的营销策略。

品牌方将能够利用这些工具跨平台实时监控用户行为，并根据用户的互动和反馈自动优化营销活动。整合工具不仅限于社交媒体，还将覆盖电子邮件营销、内容营销、移动应用、实体门店等所有渠道。通过这种全方位的整合，品牌方能够更精准地定位目标客户，确保每一个触点的营销活动都能顺利衔接，为用户提供更为流畅的品牌体验。

（三）可视化与用户友好性提升

未来的新媒体营销工具还将更加注重可视化和用户友好性的提升。随着数据分析在营销中的作用越来越重要，工具将提供更强大的数据可视化功能，使得营销人员能够更加直观地理解数据并快速作出决策。数据可视化不仅限于基础的图表，还将涉及更复杂的交互式仪表盘、动态报告等，帮助用户更清晰地看到营销活动的效果。

同时，营销工具的用户界面设计和操作流程将进一步简化，以适应更广泛的用户群体。随着中小企业和个人品牌对于新媒体营销工具需求的增加，未来的工具将不再仅限于大型企业的复杂营销活动，而是更多地关注工具的易用性，使得没有技术背景的用户也能够轻松上手。例如，通过简单直观的操作界面、拖拽式的编辑器、自动化流程模板，用户可以快速创建内容、设置广告和管理社交媒体活动。

除了操作简便外，工具还会在个性化和定制化方面有所提升。未来的营销工具将提供更多的模块化设计，允许用户根据自身的需求调整工具的功能和界面。这种灵活性不仅适合不同规模的品牌使用，还可以帮助用户根据不断变化的市场环境快速调整营销策略。

课内拓展

新媒体常用工具介绍

课中·练

构建农产品的用户画像

任务布置：

助农小组打算推出一款农产品作为主推产品，为了了解用户购买农产品的行为，助农小组决定通过设计调查问卷收集用户信息，并对结果进行统计分析，构建用户画像，以明确用户的需求，确定农产品的目标用户。

任务要求：

（1）4—6人为一组，分组完成规定的任务。

（2）设计调查问卷，通过调查问卷了解用户的属性，如性别、年龄、职业、收入水平、活动区域、生活习惯、兴趣爱好等。

（3）将回收的调查问卷进行统计和分类。

（4）归纳用户信息，并形成以图形或表格形式展示的用户画像。

任务实施：

（1）确定组长与副组长，组长负责分工，副组长负责记录。

（2）制作调查问卷。通过线上或线下的问卷调查工具完成调查问卷的制作，通过调查问卷了解用户的基本信息，以及对农产品的需求、购买渠道、考虑因素、购买的类型、喜好偏好、购买频率等信息。

（3）发放调查问卷。线上问卷可以通过线上App如微信、微博等邀请用户填写调查问卷，线下可以通过试吃、赠送小礼品等方式，吸引线下用户填写调查问卷。

（4）回收调查问卷。线上问卷，直接查看后台收集到的问卷，并对数据进行分析；

线下问卷，需要先录入线下数据，再使用数据分析软件查看并分析数据。

（5）构建用户画像。归纳信息可以通过饼状图、柱状图、折线图等展现出来，总结数据的特征，形成农产品的用户画像。

成果提交与评议：

（1）各小组组长在规定时间内提交结果，并进行展示。

（2）在展示过程中，认真听取老师的评价与分析，并由副组长在任务单中做好记录。

表2.2　任务单

任务名称		小组名称	
日期		时间	
组长		副组长	
其他成员			
任务讨论及说明			
方案实施过程			
存在的问题以及解决方案			
结果展示及说明			
评分			
反思与总结			
优点		缺点	

课后·测

一、填空题

1. 社交媒体平台的核心在于_____，用户通过建立社交关系（如加好友、关注、加入群组等）来进行_____。

2. 微博的_____使其成为讨论热点话题和公共事件的主要场所。

3. 小红书的核心模式是_____，用户通过分享自己的购物体验和心得，推荐自己喜欢的商品，形成了 UGC 的口碑营销链条。

4. 抖音的核心在于其_____，能够根据_____精准推送符合其偏好的短视频内容。

5. B 站的用户对内容质量要求较高，品牌在 B 站进行营销时，需要通过_____与用户建立长期的关系。

6. 数据分析工具是新媒体营销中不可或缺的一部分。这类工具的主要功能是_____。

二、多选题

1. 微信成为了一个集（　　）等多功能于一体的超级应用。

 A. 社交　　　　B. 内容传播　　　　C. 移动支付　　　　D. 商业服务

2. 内容平台的核心在于内容的（　　）。

 A. 生产　　　　B. 分发　　　　C. 消费　　　　D. 支付

3. 新媒体营销工具主要可以分为（　　）。

 A. 社交媒体管理工具　　　　B. 数据分析工具
 C. 内容创作与编辑工具　　　　D. 广告投放工具

4. 主流新媒体平台的商业模式包括（　　）。

 A. 广告模式　　　　B. 内容创作与变现
 C. 社交电商　　　　D. 平台佣金与服务费

5. 社交媒体管理工具是帮助品牌和企业高效运营其社交媒体平台的核心工具。这类工具主要用于（　　）等任务。

 A. 管理多个社交媒体账户　　　　B. 内容发布
 C. 互动管理　　　　D. 数据监控

项目三

新媒体内容营销策略

教学目标

知识目标：
1. 了解新媒体内容营销的定义与意义
2. 了解内容创作与策划的流程
3. 理解不同类型新媒体内容创作技巧
4. 理解新媒体内容发布策略

技能目标：
1. 能够根据企业需求完成新媒体内容的创作
2. 能够借助多平台完成不同内容的发布与推广

素养目标：
1. 具备互联网思维
2. 具备流量思维
3. 能够树立创新意识，具备创新精神。

项目引导

为进一步推动农产品推广，助农小组在指导老师的带领下，拟借助新媒体平台矩阵拓展农产品品牌声量、塑造差异化品牌形象。经多轮研讨，小组计划策划一场兼具传播力与互动性的内容营销活动，通过精准触达目标消费群体，强化用户对农产品的认知与情感联结，最终实现品牌影响力与商业价值的双向提升。

思维导图

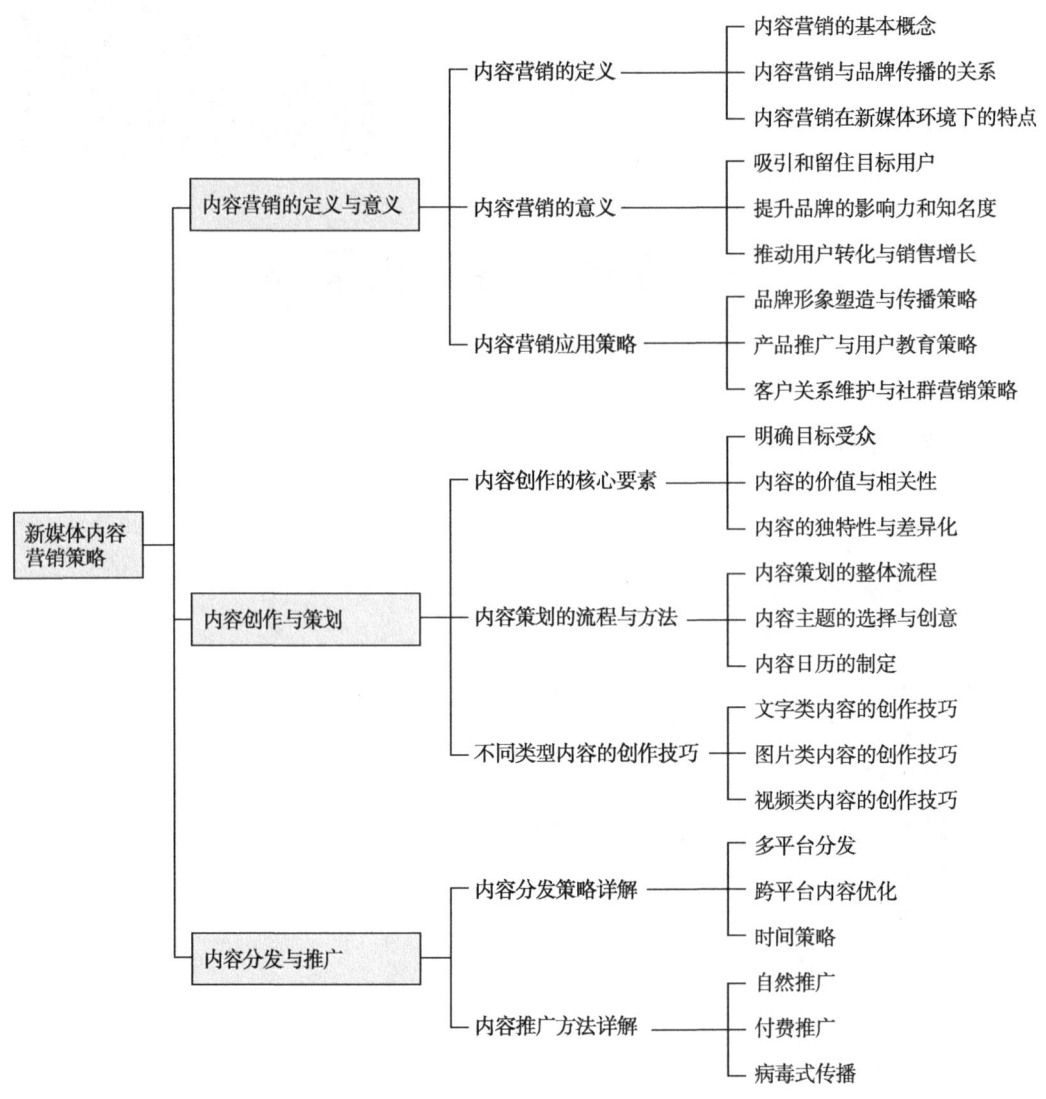

课前·思

1.进行新媒体内容营销都有哪些形式?

_____
_____
_____

2. 新媒体内容创作可以包含哪些内容?
_____
_____

课中·学

 内容营销的定义与意义

一、内容营销的定义

（一）内容营销的基本概念

内容营销是一种通过创造和分发有价值、相关且一致的内容来吸引目标受众，并最终引导他们采取特定行动的营销策略。不同于传统的广告营销，内容营销并不是直接推销产品或服务，而是通过向用户提供有用的、富有意义的信息来赢得他们的信任和好感。其核心在于为受众创造内容，而不是专注于广告投放。内容可以是文章、视频、博客、图像、播客等多种形式，目的是通过与用户产生共鸣，解决他们的问题或满足他们的需求，进而增强用户对品牌的信任与忠诚。

内容营销的最大特点是价值传递。通过为受众提供实际的、富有意义的内容，品牌方能够建立权威性并与用户建立长久的关系。这种营销方式不以直接销售为目标，而是通过长期的内容影响，逐步培养用户的信任感，并最终促成与品牌相关的转化行为，例如购买、分享、推荐等。

（二）内容营销与品牌传播的关系

内容营销与品牌传播之间有着紧密的联系。在现代营销中，品牌不仅仅是一个产品或服务的代名词，它代表着用户的认知、信任和情感。而内容营销通过持续输出高质量的内容，帮助塑造品牌形象，提升品牌在用户心中的认知度和好感度。

通过内容的不断更新和分享，品牌可以在用户心中塑造出专业、可信赖、有影响力的形象。内容营销为品牌方提供了一个长期的、低调但有效的传播途径，它帮助品牌方传递核心价值观，展示产品和服务背后的文化与故事，增强与受众的情感连接。例如，一个科技公司可以通过发布技术文章和创新动态来强化自己在行业内的领导者形象，而非仅仅依赖广告来吸引客户。

持续的内容输出可以增强用户的忠诚度和黏性。品牌方通过定期提供有用的内容，能够与用户保持长期互动和联系，刺激用户不断回访，并增强他们对品牌的依赖感。用户通过与品牌内容的高频接触，不仅提高了品牌的曝光率，还增加了用户对品牌的认知深度。通过建立这种持久的内容互动，品牌方能够更好地吸引并保留目标受众。

（三）内容营销在新媒体环境下的特点

在新媒体环境下，内容营销的特性变得更加丰富，互动性也更强。随着社交媒体和短视频平台的迅猛发展，内容营销得到了新的技术支持，传播渠道也更加广泛。新媒体平台，如抖音、微信、小红书等，因其强大的互动性和社交性，为内容营销提供了更加直接的受众接触途径。

首先，新媒体平台的社交功能使得内容营销更具互动性。用户不仅可以通过评论、点赞、分享等方式与内容发布者进行互动，还可以直接参与到品牌传播中。许多品牌通过发起UGC活动，鼓励用户创作与品牌相关的内容，这大大增强了内容的多样性和真实性。UGC的出现改变了传统的品牌单向传播模式，用户在传播过程中成为了主动参与者和内容创作者，这种内容形式往往比品牌方本身发布的内容更具说服力和传播效果。

其次，新媒体的病毒式传播特点使得内容营销能够在短时间内覆盖更广泛的受众。用户不仅是内容的消费者，也是内容的传播者，当他们在社交媒体上主动分享品牌内容时，品牌的影响力和传播范围将呈几何级数增长。这种传播效应不仅提升了品牌的曝光度，还增强了用户与品牌之间的情感连接，使得内容营销在新媒体环境中效果更加明显。

互动性和社交性的增强使得品牌能够与用户建立更紧密的关系。例如，抖音上的品牌短视频，通过娱乐化、个性化的形式吸引年轻受众，并通过用户的自发传播，迅速扩大品牌的知名度和影响力。而在小红书等平台上，用户通过分享生活方式和产品使用心得，帮助品牌方实现了口碑营销的效果。这些用户生成的内容不仅具有高可信度，还为品牌方带来了更多的忠诚客户。

二、内容营销的意义

（一）吸引和留住目标用户

内容营销的首要意义在于帮助品牌方吸引并留住目标用户。通过创造有价值、相关且有趣的内容,品牌方能够吸引潜在用户的注意力,激发他们对品牌的兴趣。与传统的营销方式不同,内容营销以用户需求为核心,关注为用户提供有用的信息,而非直接推广产品。品牌方通过内容来展示自身的专业性、解决用户的痛点,进而增强用户的信任感。例如,一家提供健康产品的公司可以通过发布健康资讯、养生建议等内容,吸引对健康话题感兴趣的潜在用户,从而建立初步的信任。

内容营销不仅仅是一次性吸引用户,它的价值在于通过持续的、有节奏的内容推送,帮助品牌方与受众保持长期的联系。通过定期发布有趣或有用的内容,品牌方可以不断提醒用户自己的存在,增强品牌在用户心中的地位。随着时间的推移,这种持续的互动能够有效提升品牌忠诚度,让用户对品牌产生依赖感,并在未来的购买决策中优先考虑该品牌。因此,内容营销不仅可以有助于获取新用户,更重要的是留住现有用户,建立更为紧密的品牌方与用户关系。

(二)提升品牌的影响力和知名度

创造和传播优质内容是品牌提升影响力和知名度的重要手段。通过持续发布高质量的内容,能够在用户心中树立权威的品牌形象。尤其是在社交媒体平台上,优质内容具备强大的社交传播效应,用户会自发地分享有价值或有趣的内容,帮助品牌方迅速扩大曝光度。例如,品牌方发布的创意视频或深度行业报告,可以通过用户的转发在社交媒体上快速传播,大大提升品牌的知名度。

现代消费者接触的信息量极其庞大,要在这样的信息洪流中获得用户的关注,内容的独特性和质量至关重要。通过与竞争对手差异化的内容创作,品牌方可以展示自身的特色和优势,吸引用户的眼球。举例来说,科技品牌可以通过发布技术创新的内容突出其技术优势,而生活方式品牌则可以通过分享有创意的生活场景内容打动用户。这种差异化的内容输出,不仅可以帮助品牌方脱颖而出,还能够强化品牌方在特定市场中的权威性和地位。

优质的内容使得品牌在用户心中不仅仅是一个产品提供者,还是一个行业领导者或专家。品牌通过分享行业洞察、趋势分析或产品背后的故事,可以有效提升用户对品牌的认同感和信任感,从而在市场中建立更强的竞争力。随着品牌内容的影响力逐渐扩大,品牌方在行业中的话语权和市场地位也将不断上升。

(三)推动用户转化与销售增长

内容营销不仅仅是提升品牌知名度的工具,在推动用户转化和销售增长方面也具有潜移默化的作用。通过有针对性的内容,品牌营销可以教育用户,帮助他们更好地理解产品的价值和用途,进而引导他们做出购买决策。内容营销不仅提供了产品或服务的详细介绍,还能通过内容展示如何解决用户的实际问题或满足其需求。例如,品牌可以通过博客文章、视频教程或案例研究等方式，解释产品的具体功能和优势，从而消除用户的疑虑，增强他们的购买信心。

内容营销特别擅长解决用户痛点，它通过非侵入式的方式帮助用户解决问题，潜移默化地推动销售增长。这种教育式的营销方法不仅能够让用户更好地理解产品，还能通过内容让用户感到品牌方是真诚地为他们提供帮助，而不是一味地推销。这种方式能够有效降低传统广告中的"硬广"效果导致的用户反感，提升用户对品牌的好感度。例如，一家提供财务管理软件的公司可以发布关于如何优化财务流程的文章或视频，吸引那些有财务管理需求的潜在客户，并引导他们尝试该公司的软件服务。

内容营销可以通过一系列逐步推进的内容策略来实现从认知到转化的闭环。例如，品牌方可以先通过基础内容让用户了解行业问题，再通过更深入的专业内容帮助用户解决具体问题，最终引导用户完成购买。每一阶段的内容都推动了用户决策，从而实现用户从初次接触品牌到最终购买产品的完整转化过程。

三、内容营销应用策略

（一）品牌形象塑造与传播策略

在内容营销中，品牌形象塑造是一个长期且核心的策略。品牌方不仅要通过产品或服务展示其价值，还要通过内容营销传递品牌的核心理念、文化和独特性，以此与受众建立情感联系。品牌形象的塑造不应局限于单一内容或平台，而应通过多渠道、多样化的内容形式，系统地传递一致的信息。

塑造品牌形象的内容策略通常包括展示品牌背后的故事、企业文化、社会责任以及行业洞察。例如，著名奢侈品牌爱马仕致力于通过内容展示其悠久的品牌历史和精湛的手工技艺。通过一系列的短片和文章，爱马仕详细介绍了品牌的核心价值之一——手工制作，并邀请工匠分享制作过程中的细节和心路历程。例如，品牌曾发布"Inside the Making of a Birkin Bag"的内容，展示了Birkin手袋的手工制作过程。视频中，观众可以看到每一只手袋都由经验丰富的工匠手工缝制，每个环节都体现了对品质的极致追求。爱马仕还通过各种平台展示其企业文化和社会责任，例如支持传统手工艺以及致力于可持续发展的努力。通过展示这些背后的故事，爱马仕成功向消费者传递了品牌的核心价值，吸引了那些注重品质、手工艺以及文化传承的高端客户群体。品牌方通过这种内容营销的方式，进一步增强了用户对其品牌的情感认同感和忠诚度，使其不仅仅是一个奢侈品提供者，更是精致生活方式的象征。

特斯拉不仅通过其创新产品吸引消费者，还通过内容展示其在电动汽车、可持续能源和自动驾驶技术方面的前瞻性见解和行业洞察。例如，特斯拉定期发布博客文章和技术报告，分享他们在电池技术、能源存储、自动驾驶系统（如Autopilot）等方面的最新进展,并通过发布会等形式展示其在技术领域的创新成就。特斯拉的创始人埃隆·马斯克也会通过社交媒体和公开演讲向公众和行业专家分享他的愿景,如推进可再生能源、发展星际旅行等远大目标,这进一步凸显了特斯拉在技术前沿的领导地位。

通过持续展示行业洞察力和技术创新,特斯拉不仅提升了品牌的权威性,还使得它在用户心中成为技术创新和可持续发展的代名词。这种内容营销策略帮助特斯拉在竞争激烈的市场中脱颖而出,进一步巩固了其行业领导者的地位。

传播策略方面,品牌需要精心选择和组合不同的传播渠道。通过社交媒体平台、博客、新闻媒体、视频平台等不同的媒介进行传播,可以扩大内容的覆盖面和影响力。例如,社交媒体平台适合通过短视频、图片、用户生成内容(UGC)等形式,快速传递品牌理念并获得用户的广泛互动。而在行业垂直媒体或专业平台上发布的深度文章和案例研究,则能够强化品牌在专业领域的地位。跨平台的传播策略有助于品牌方在不同用户群体中建立统一且鲜明的形象。

(二)产品推广与用户教育策略

相比于直接推销,内容营销强调通过传递产品的相关价值、解决方案和知识,来增强用户对产品的兴趣和理解。这种策略通常通过教育用户,帮助他们理解产品的核心功能和独特性,从而驱动购买行为。

用户教育策略特别适用于复杂的产品或服务。例如,科技品牌可以通过发布详细的产品使用指南、常见问题解答、功能演示视频等内容,帮助潜在用户更好地理解产品的功能和优势。这类内容不仅能够减少用户在决策过程中的疑虑,还能增强他们对品牌的专业认知。通过教育内容,品牌不仅提升了用户体验,还为用户最终的购买决策打下了基础。

同时,品牌方也可以通过案例分析和用户成功故事来推广产品。展示实际用户如何通过产品解决问题、提升生活质量或提高工作效率的案例,能够增强产品的可信度和吸引力。这类内容通常被认为是真实可信的,能够有效降低用户对产品的心理障碍,并激发他们的购买欲望。

在推广策略上,品牌方可以利用内容将产品与用户的需求直接联系起来。例如,通过博客文章、视频教程、社交媒体帖子等内容展示产品在真实生活中的应用场景,让用户更容易将产品与自己的需求匹配。内容不仅传递产品的信息,还通过解决用户痛点、提供实用建议,潜移默化地推动用户转化。

(三)客户关系维护与社群营销策略

客户关系维护是内容营销中至关重要的一部分,尤其是在品牌与客户建立初步联系之后,如何通过持续的内容互动保持客户的忠诚度,成为品牌面临的长期挑战。内容营销为客户关系的维护提供了丰富的手段，使品牌方能够在客户的生命周期中，保持长期的沟通与互动。

品牌方可以通过定期推送高价值的内容，与现有客户保持联系。例如，通过电子邮件、社交媒体、会员专区等渠道为老客户提供专属内容，如产品更新、使用技巧、特别优惠等，不仅让客户感受到关注，还能增强客户对品牌的依赖感。对客户进行长期个性化的内容推荐或特别关照，能够有效提升客户的忠诚度和复购率。

社群不仅是用户交流和互动的平台，也是品牌方传递信息、聆听客户反馈的有效渠道。通过搭建品牌社群，品牌方可以与客户进行更加直接的互动，解答他们的问题，收集反馈，从而进一步提升产品和服务质量。社群还可以作为用户生成内容（UGC）的孵化地，品牌方可以鼓励用户分享他们的使用体验、心得和推荐，从而增强品牌方与用户之间的双向互动。

在社群营销中，品牌方还可以通过组织线上线下的社群活动来增强用户黏性。例如，品牌方可以通过直播活动、粉丝见面会、产品体验会等形式，增强用户对品牌的归属感和认同感。这种活动能够极大地提升用户的参与度，并通过互动和分享进一步扩大品牌的影响力。社群的积极互动不仅能够带来口碑传播，还能刺激现有客户推荐新客户，形成良性的社群扩展循环。

课内拓展

认识新媒体销售文案

如何写出创造购买冲动的文案

新媒体销售文案的写作框架

课中·练

农产品内容推广认知

助农小组为了能够更好地完成农产品的新媒体内容营销，决定首先对各个新媒体平台上的农产品推广进行调研，对比分析各平台的异同点。同时利用新榜、今日热榜、微小宝等数据分析工具，寻找 5 篇阅读量在 10 万次以上的近期爆款内容营销案例进行对比分析。

任务要求：

（1）4—6人为一组，分组完成规定的任务。

（2）基于农产品项目，对新媒体平台进行调研，对比分析各平台的异同点。

（3）选择农产品领域的爆款内容营销案例进行分析，归纳其文章选题方向、语言风格等。

任务实施：

（1）确定组长与副组长，组长负责分工，副组长负责记录。

（2）利用互联网搜索各新媒体平台关于农产品的相关信息，对比并完成下表。

表3.1　新媒体平台对比表

调研平台	目标用户群体	内容呈现形式	内容变现方式	平台特色/优势
微信公众号				
小红书				
微博				
今日头条				

（3）选择农产品领域内容营销案例进行分析，并填写分析表格。

表3.2　爆款营销案例分析表

内容营销	标题	发布平台	阅读量	选题方向	内容形式	语言风格
爆款1						
爆款2						
爆款3						
爆款4						
爆款5						

成果提交与评议：

（1）各小组组长在规定时间内提交结果，并进行展示。

（2）在展示过程中，认真听取老师的评价与分析，并由副组长在任务单中做好记录。

表 3.3 任务单

任务名称		小组名称	
日期		时间	
组长		副组长	
其他成员			
任务讨论及说明			
方案实施过程			
存在的问题以及解决方案			
结果展示及说明			
评分			
反思与总结			
优点		缺点	

课中·学

任务二 内容创作与策划

一、内容创作的核心要素

内容创作是内容营销的核心环节，品牌方通过精心策划的内容吸引、留住用户，并引导用户完成购买或其他预定的行动。要实现高效的内容创作，需要考虑明确的目标受众、内容的价值与相关性，以及内容的独特性与差异化。这些核心要素不仅能够确保内容精准触达目标用户，还能帮助品牌在竞争激烈的市场中脱颖而出。

（一）明确目标受众

明确目标受众是所有内容创作的第一步，只有深入了解用户，才能创作出有针对性、有吸引力的内容。品牌方需要通过用户画像分析，结合用户的年龄、性别、职业、兴趣、行为习惯等维度，构建清晰的受众画像。这些数据通常可以从用户行为分析工具、社交媒体平台的数据统计以及市场调研中获取。通过用户画像，品牌方可以了解目标用户的需求、痛点，以及他们在不同平台上的行为偏好。例如，年轻的社交媒体用户可能喜欢短视频和创意图片，而专业人士可能更偏向于深度文章或白皮书。

针对不同的受众群体制定个性化的内容创作策略是确保内容营销成功的关键。例如，对于年轻人群体，品牌方可以制作具有趣味性和互动性的内容，如抖音上的短视频挑战等。对于偏重专业内容的用户，品牌方可以发布深入的行业报告或解决方案，展示其专业性和权威性。个性化的内容不仅能够提高用户的兴趣和参与度，还能让用户觉得品牌方关注他们的需求，进而增强品牌的忠诚度。

个性化内容创作的另一个关键点是选择合适的内容形式。例如，对于视觉系用户，图像、视频等形式会更具吸引力，而对于重视深度阅读的用户，博客文章、电子书等则更能满足他们的需求。通过细分用户群体并制定个性化的内容创作策略，品牌方能够更精准地触达目标受众，并提高内容的传播效果和转化率。

（二）内容的价值与相关性

内容创作的一个核心原则是价值导向，即内容必须要为用户提供实实在在的价值，而不计较是通过实用性、娱乐性还是教育性来吸引用户。用户在选择消费内容时，首先关注的是这一内容能否帮助他们解决某个问题、满足某个需求或带来愉悦体验。因此，品牌方在进行内容创作时，必须围绕用户的实际需求和痛点，提供具有吸引力的解决方案。

实用性内容是满足用户实际需求的一种直接方式。例如，家居品牌方可以发布家居布置的技巧视频，帮助用户改善家居环境；美妆品牌方可以发布护肤步骤教程，解决用户在使用产品时的疑虑和问题。通过这种有实际指导意义的内容，品牌方不仅能够提升用户对内容的关注度，还能增强用户对品牌的信任感。

娱乐性内容则强调通过趣味性、创意性等方式吸引用户的注意力。娱乐性内容通常发布于社交媒体平台，通过短视频、图片等直观生动的形式吸引并打动用户。例如，品牌可以发布幽默的品牌故事、充满创意的广告视频等，激发用户的情感共鸣。

内容的相关性也是至关重要的，品牌方需要确保内容的主题与品牌定位、产品特点紧密关联。例如，一个科技品牌方在发布内容时应该注重展示其创新技术和行业动态，而不应偏离核心产品和品牌理念。这种相关性确保了品牌传递正确的信息，帮助用户建立对品牌的清晰认知。同时，具有相关性的内容能够增加用户的认可度，让他们更容易将品牌与特定价值联系起来，从而增强品牌形象。

（三）内容的独特性与差异化

在信息过载的时代，用户每天面对大量内容信息，品牌方必须通过独特性和差异化的内容来脱颖而出。独特的内容能够在短时间内吸引用户的注意力，并激发他们与内容发布者互动。因此，品牌方需要从多个维度出发，创造与众不同的内容，使其在激烈的竞争中获得优势。

独特性可以体现在内容的创意、表达方式和视角上。品牌方应避免常规的内容创作手法，而是通过创新的表达方式打破用户的心理惯性。例如，在介绍产品功能时，品牌方可以通过一场微型故事、幽默的情景演绎，或者视觉冲击力强的图像和视频来展示产品特点，给用户留下深刻的印象。这种独特的视角和手法能够有效提升用户对品牌的记忆度。

品牌方应根据自身的行业特点和品牌定位，打造属于自己的内容风格和调性，形成品牌差异化。例如，奢侈品牌方可以通过富有高级感的视觉设计和精致的叙事风格，突出产品的独特性和高端定位；而快消品牌方则可以通过轻松、活泼的内容，吸引年轻的消费群体。差异化的内容不仅能够让品牌在竞争中脱颖而出，还能够形成品牌的长期竞争优势,让用户对品牌形成独特的认知与情感连接。

品牌内容的独特性还应体现在对行业趋势和热点的敏锐把握上。通过及时响应行业动态或社会话题,品牌方能够借势提升内容的时效性和话题性。例如,环保企业可以在环保日发布特别的内容,强调品牌方的环保理念与社会责任。这种借助趋势的内容能够增强品牌的舆论影响力,同时向用户传递出品牌在行业中的前瞻性与领导地位等信息。

二、内容策划的流程与方法

一个完整的内容策划流程包括从明确营销目标到内容发布的全链条操作,内容策划不仅仅是单纯的内容创作,而且需要战略性的规划和细致的执行来保证品牌营销的持续性和影响力。以下是内容策划的整体流程和方法。

(一)内容策划的整体流程

品牌方需要明确通过内容营销希望达到的具体目标,这些目标可能包括提升品牌知名度、促进用户转化、增加社交媒体互动或推广特定产品。营销目标的明确与否决定了后续内容主题的方向和发布形式,因此,在策划阶段必须与整体的品牌战略保持一致。

举例来说,品牌方如果希望通过内容营销提升品牌知名度,则需要策划能够快速传播的、引起广泛关注的内容,可能倾向于热点话题、病毒式传播的短视频等。而如果营销目标是促进用户转化,则需要内容更具教育性或功能性,可能是产品使用指南、案例分析或用户成功故事等,帮助用户理解产品的独特价值并推动他们做出购买决策。

在明确营销目标后,品牌方需要根据目标确定合适的内容主题并制订发布计划。内容主题应与目标受众的兴趣和需求相关,并确保其能够承载品牌信息。比如,如果目标是推动用户注册或购买某一产品,内容主题可以围绕该产品的使用场景、用户体验或者通过解决用户的痛点来增强其吸引力。

在制订发布计划时,品牌方需要结合具体的营销目标来确定发布的频率和时机。例如,如果是新品发布活动,品牌方可以选择在预热阶段进行密集的内容推送,频繁发布相关资讯、用户期待和倒计时内容,营造期待感。在正式发布产品后,内容计划可能会转向用户体验分享和使用反馈,来引导用户的实际购买和使用。

内容策划的另一个重要环节是根据不同平台的特点,设计出适配的内容形式。每个平台都有其独特的用户习惯和内容传播机制,品牌方需要根据平台的特点调整内容创作的风格和形式。例如,抖音和快手这类短视频平台适合发布视觉冲击力强、时长较短的视频内容,而微信、微博等社交媒体则更适合发布深度文章、长图文或者信息流广告。此外,小红书用户偏向于真实的生活方式分享,因此品牌需要考虑与用户生成内容（UGC）结合的策略，增强内容的可信度。

在设计内容形式时，还需要考虑平台的用户属性。例如，B站的用户群体多为年轻的二次元文化爱好者，品牌内容可以通过动漫风格的演绎来抓住用户眼球；而知乎等专业社交平台的用户则更关注深度行业洞察和职业发展相关的内容，因此在内容的语调和专业度上需要有所提升。

（二）内容主题的选择与创意

内容的主题选择应基于对用户需求的深刻理解。用户的需求可能多种多样，包括信息需求、娱乐需求、教育需求、情感需求。因此，在选择内容主题时，品牌方应围绕用户的兴趣、痛点和愿望，选择那些能引发用户情感共鸣或提供实际帮助的主题。例如，电商平台可以通过分析用户的搜索行为和购买数据，发现用户在某一类商品上的困惑，进而设计相应的产品介绍和对比内容，帮助用户更好地做出选择。

品牌方还可以利用热点话题来增加内容的吸引力。热点话题通常在社交平台上具备天然的传播优势，用户的参与度高且话题讨论度广。品牌方可以通过关联热点话题设计相关内容，从而在潮流趋势中占据一席之地。例如，在世界杯期间，运动品牌方可以设计与赛事相关的内容，通过结合比赛亮点、明星球员和品牌产品，增加用户对品牌的关注度。

在现代内容营销中，用户参与的作用越来越突出。品牌方是内容的创作者，用户的互动和反馈同样是内容营销成功的重要因素。因此，在内容策划中，品牌方可以通过设计创意互动机制来激发用户的参与感。例如，品牌方可以发布趣味性挑战赛、投票、问答等活动，鼓励用户生成内容并参与到品牌的传播过程中。

例如，抖音上的"话题挑战赛"是常见的内容营销手段，品牌通过发布一个有趣或具有挑战性的任务，邀请用户模仿或创造内容。在这个过程中，用户成为了品牌传播的主体，品牌影响力通过用户的自主传播被迅速放大。此外，品牌方还可以通过奖励机制（如抽奖、优惠券等）来激励用户参与。这种互动不仅提高了用户参与度，还能带来实际的用户转化。

（三）内容日历的制定

内容营销的效果往往需要通过长期的、持续的内容输出才能得以实现，因此内容日历的制定是内容策划中不可忽视的部分。内容日历是一个详细的计划表，规定了不同时间段内容发布的主题、形式和平台。通过制定内容日历，品牌可以有条不紊地进行内容输出，避免出现内容发布时间不规律、发布主题散乱等问题。

内容日历不仅能帮助品牌保持内容的持续性，还能确保品牌信息的一致性。在长期的内容输出过程中，品牌需要保持核心信息的连贯性，并根据营销目标的变化，灵活调整内容的发布节奏。例如，品牌方可以根据一年中的不同季节和节假日设计特定主题的内容计划，如春节期间发布与传统文化相关的内容，而在"双十一"等促销节日集中发布产品折扣信息和用户购买指南。

内容日历不仅仅是制定一个时间表，它还应该包含详细的平台发布计划和具体的执行细节。不同的内容形式和内容主题适合发布在不同的平台上，品牌方应根据平台特点和用户群体来规划内容的发布频率和发布时间。例如，视频类内容可能更适合在抖音、快手等平台上高频发布，而长文章或深度分析内容则更适合发布在博客、微信公众号等平台。

具体执行细节包括发布时间的选择、内容形式的搭配，以及内容发布后的互动和跟进措施。品牌方需要考虑到用户在不同时间段的活跃度，确保内容发布能够在合适的时间触达目标用户。例如，社交媒体平台的用户通常在早晨和晚上活跃度较高，因此内容的发布时间可以选择在这两个高峰期，以提高互动率和阅读量。

内容日历还需要涵盖内容发布后的数据分析和反馈跟进。通过对内容的互动量、阅读量、转化率等数据进行分析，品牌方可以及时调整后续的内容策略，确保内容营销的持续优化和改进。

三、不同类型内容的创作技巧

（一）文字类内容的创作技巧

1. 公众号文章与微博长文

在新媒体平台上，文字内容仍然是最常见且最基础的传播形式。公众号文章、微博长文等文字类内容需要通过逻辑性和信息量来吸引读者的兴趣，并通过严谨的论证和丰富的数据增强说服力。

（1）注重逻辑性

文字类内容的逻辑性是吸引读者持续阅读的关键。一篇文章的结构是否清晰，观点是否明确，决定了读者的阅读体验和信息接收的效率。因此，在创作公众号文章和微博长文时，建议按照"总—分—总"的逻辑展开，即在开篇提出论点或引出问题，中间部分展开具体论述，最后进行总结或提出解决方案。

（2）增加信息量

丰富的信息量不仅能够提高文章的权威性，还能增强读者的阅读价值。在写作过程中，通过引用相关数据、研究结果、案例分析等，为读者提供更加全面的信息。例如，如果写作的是一篇关于市场营销的文章，引用市场调研数据、营销成功案例等具体内容，可以让读者更有共鸣感，增加信任感。

（3）结合案例与数据

案例分析与数据支撑是提升文章专业度的重要手段。在新媒体环境下，用户更倾向于快速获取有效信息。通过结合实际案例，不仅能够使文章内容更加生动，还能为用户提供更直观的理解。数据则是内容的有力支持，能够提高说服力，增强权威性。例如，分析某个品牌的营销策略时，可以引用其销售增长的数据，结合用户反馈的实际案例，全面展示品牌成功的原因。

2. 标题吸引力的提升

标题的创意直接影响文章的点击率，尤其是在微信公众号、今日头条等内容聚合平台，标题的吸引力甚至决定了文章的传播广度。

（1）简洁明了，突出主题

标题需要简洁明了，能够一下抓住读者的眼球，明确传达出文章的核心内容，并提高点击率。例如，一篇关于职场经验分享的文章，其标题可以直接表达出文章的重点，如"如何在职场中快速提升个人影响力？"。

（2）引发好奇心

通过悬念或者问题引发读者的好奇心是提高点击率的有效方式。例如，使用"你还不知道的营销秘诀是什么？"或者"为什么你辛苦工作却一直升职无望？"这样的标题，可以激发用户的好奇心，促使其点击文章进行阅读。

（3）加入数字或关键词

数字和关键词的使用能够使标题更加具象化，有助于提高用户的感知价值。例如，使用"5个技巧教你提升社交媒体曝光率"这样的标题，不仅传递出文章的实用性，还通过数字标注内容，可以让用户感知文章结构清晰、逻辑分明，从而吸引他们的注意力。

（二）图片类内容的创作技巧

1. 注重图片的美感

在图片类内容创作中，美感是吸引用户的重要因素。图片的构图、色彩搭配、拍摄角度等都直接影响着用户的视觉体验。尤其是在以美妆、时尚、旅游等为主的小红书平台，美感突出、有设计感的图片往往能够收获更多的点赞和分享。

（1）合理的色彩搭配

色彩在图片创作中具有传递情感的功能。不同的色彩组合能够唤起用户不同的情感反应。例如，清新的色调能够带来舒适感，而高饱和度的色彩则往往会传递出强烈的情感冲击。通过合理搭配色彩，不仅可以提升图片的视觉冲击力，还能增强品牌或产品的辨识度。

（2）突出主体，减少干扰

在创作图片时，避免画面过于复杂，突出主体是关键。尤其是在商品展示图片中，主体的突出能够让用户一目了然,快速获取核心信息。同时,适当的留白可以增强图片的视觉张力,使得图片整体更加简洁有力。

2. 强调图片的故事性与情感传递性

图片不仅仅是视觉的展现,更重要的是其背后的故事和情感表达。通过图片传递品牌价值和情感,可以有效提升用户的情感共鸣。

(1)场景化展示

场景化的视觉呈现能有效营造沉浸氛围,使用户更易感知品牌或产品的核心价值,从而增强吸引力。例如,一张产品图片可以通过将产品融入到日常生活场景中,帮助用户更好地想象该产品在实际生活中的应用,增加其购买欲望。

(2)情感化表达

图片内容中的情感化表达可以有效拉近与用户的距离。通过捕捉用户生活中的真实瞬间,或者展现人与人之间的互动,能够增强图片的情感温度。例如,小红书中关于亲子互动的图片,往往能够唤起读者的情感共鸣,增加用户的好感度。

3. 运用图片组合提升视觉冲击力

在创作图片内容时,单一的图片效果可能有限,而通过图片组合展示,不仅能够丰富内容,还能提升视觉冲击力。例如,利用多图拼接方式,将不同角度、不同场景的图片组合在一起,不仅能够展现产品的多样性,还能增强图片与文字内容的互动,让用户能够更全面地了解产品信息。

(三)视频类内容的创作技巧

相比文字和图片,视频能够更直观地传递信息,并且结合音效、节奏等元素,增强用户的沉浸感。以下是视频内容创作的几个关键技巧。

1. 一定要在前几秒抓住用户眼球

在抖音、快手等短视频平台,用户的注意力极为分散,视频的前几秒是决定用户是否继续观看的关键。因此,前几秒的创意设计至关重要。

视频内容要尽快进入主题,避免冗长的铺垫。例如,如果是一个产品宣传视频,视频开头可以直接展示产品的核心卖点,吸引用户兴趣。

通过制造悬念或亮点来引起用户的好奇心,是提高视频观看率的有效手段。比如在视频开头抛出一个问题或展示一个惊人的场景,能够迅速吸引用户的注意力。

2. 简洁性与创意性相结合

短视频的特点决定了其信息密度高,内容简洁明了,同时其创意也是吸引用户的关键要素。创作视频时,既要在有限的时间内传递出完整的信息,又要通过独特的创意使内容与众不同。

短视频的时间限制要求创作者必须精简内容,突出核心信息。每一秒钟都应该有明确的价值传递。例如，在介绍产品时，可以通过简洁明了的语言和画面展示，快速传递产品的功能和优势。

创意是视频内容吸引用户的重要因素。通过独特的视角、幽默的表达或者创新的拍摄手法，可以让视频脱颖而出。例如，抖音上的一些搞笑类短视频，通过诙谐的剧情设计和富有创意的剪辑方式，吸引了大量用户关注。

3. 内容情节紧凑，节奏感强

视频的节奏感在很大程度上决定了用户的观看体验。通过快速的镜头切换、音乐节奏的配合，可以有效增强视频的紧张感和节奏感，从而提升用户的观看兴趣。视频内容不仅要节奏快，还需要注意保持连贯性，避免内容的跳脱感。尤其是在短时间内传递复杂信息时，保持情节的连贯性能够帮助用户更好地理解内容。

课内拓展

新媒体文案的标题拟定

新媒体文案的正文框架

新媒体文案的开头设计

新媒体文案的结尾思路

课中·练

对农产品进行内容策划

助农小组通过分析农产品消费行为后发现，当代年轻人非常注重农产品的品质、口感、产地优势或有机认证等，于是助农小组对农产品进行了全面升级，不仅在品质、口感上能满足高端用户需求，更通过无农药残留的生态种植方式，突出了产品的文化内涵和独特风味等。同时，包装也是既环保又能有效保护产品，尽量减少运输过程中的损耗。

任务要求：

（1）4—6人为一组，分组完成规定的任务。

（2）确定新媒体内容营销的表现形式。

（3）完成内容素材的收集与整理。

（4）组织内容素材，按照内容策划的流程对内容进行策划，打造内容的亮点。

任务实施：

（1）确定组长与副组长，组长负责分工，副组长负责记录。

（2）根据提供的资料分析用户需求并确定内容的主要表现形式。例如，可以采用"文字+图片"的文章形式直观地列举农产品的特点，或者采用视频的形式讲述农产品背后的故事，展示种植过程、农夫风采、产品特色等，通过高质量的内容创作，如制作美食教程、分享农业知识、举办线上互动活动等，增加用户黏性，促进口碑传播。

（3）收集和整理内容素材。如果选择用文章的形式呈现内容，可以自行撰写文章，并拍摄农产品的图片；如果选择以视频的形式呈现内容，还需要拍摄或收集视频素材。在收集和整理内容素材时，可以观察市面上同类的产品是如何进行营销的。

（4）按照内容营销的流程对内容进行策划和包装。产品内容营销需要打造内容亮点，这样才能为产品或品牌创造更多的价值。策划内容和包装时，可以从用户需求和产品独特价值两个方面出发来打造内容亮点。

成果提交与评议：

（1）各小组组长在规定时间内提交结果，并进行展示。

（2）在展示过程中，认真听取老师的评价与分析，并由副组长在任务单中做好记录。

表3.4 任务单

任务名称		小组名称	
日期		时间	
组长		副组长	
其他成员			
任务讨论及说明			
方案实施过程			
存在的问题以及解决方案			

续表

结果展示及说明	
评分	
反思与总结	
优点	缺点

课中·学

任务三 内容分发与推广

一、内容分发策略详解

（一）多平台分发

随着社交媒体的多元化和受众习惯的分散化，单一平台已难以满足品牌传播的需求。将内容分发到多个平台，既能增加品牌的曝光度，也能提高用户的触达率，增强互动效果。

1. 主流社交媒体平台

主流社交媒体平台如微信、微博、抖音等，拥有海量的用户基础和较高的用户黏性。因此，内容的多平台分发中，这些平台是不可或缺的核心部分。品牌可以通过这些平台高效地将信息传递给目标受众，创造与用户之间的互动。

微信作为中国最大的社交平台，拥有庞大的用户群，微信公众平台为品牌方提供了图文、视频、音频等多种内容形式，适合深度内容发布。品牌方可以通过微信公众号、企业微信以及微信小程序等形式进行品牌推广，并通过朋友圈广告、社群运营等方式进行精准营销。微博的特点是信息流动性强，易于传播，是品牌方进行热点营销和病毒式传播的重要平台。微博用户更倾向于短平快的内容，因此品牌方应发布简洁有力、具有话题性的内容，以抓住用户眼球。抖音作为短视频平台，尤其适合于品牌方通过视觉效果吸引用户关注，视频内容的娱乐性、创新性和互动性可以帮助品牌方快速吸引关注，产生用户黏性。抖音的算法推荐机制也有助于品牌内容实现高效的精准触达。

2. 垂直领域平台

垂直领域平台如知乎、小红书等，汇集了具有特定兴趣的用户群体，是品牌方触达细分市场的重要渠道。

知乎的用户群体普遍具有较高的知识水平和较强的思辨能力，因此适合发布长篇专业内容，尤其是深入探讨品牌、产品和行业趋势的文章。知乎平台的问答模式也为品牌方提供了直接与用户互动的机会。

小红书聚集了大量关注时尚、美妆、旅行、生活方式的用户，品牌方可以通过分享生活化的内容与用户产生共鸣。UGC（用户生成内容）是小红书的重要特征，品牌方可以通过鼓励用户分享体验，形成口碑传播。

3. 自有媒体渠道

自有媒体渠道包括品牌方的官网、App、邮件列表等。品牌对于这些渠道具备完全控制权，可以建立长期的用户关系。

官网是品牌方内容发布的官方来源，通过官网，品牌方可以发布详细、完整的产品信息、企业动态、行业观点等内容，同时通过 SEO 优化提升在搜索引擎中的排名，增加自然流量。

品牌的 App 不仅是销售或服务平台，也是内容传播的重要渠道。通过推送消息、内容推荐，品牌方可以随时向用户传递最新动态，增强用户黏性。

邮件是精准的用户触达方式之一。通过定期发送新闻简报、优惠活动信息，品牌方可以持续与用户保持联系，并通过个性化的内容提升用户参与度。

（二）跨平台内容优化

不同平台的内容呈现形式和受众群体各不相同，因此涉及跨平台内容分发时，需要根据平台特性进行内容优化，以保证传播效果。

1. 根据平台特性调整内容形式

不同平台对内容的形式要求差异较大，优化内容形式以符合平台特性是提高传播效率的关键。比如在微信等平台，用户习惯于获取深入且具有指导性的内容，因此，长图文、深度分析文章、案例分享等适合发布在微信公众平台上。微博由于信息传播速度快，内容需要简短、精练，热点话题或事件评论的方式是提升互动率的良好策略。抖音则要求内容具备视觉吸引力和娱乐性，创意短视频、挑战赛、搞笑元素等方式更容易受到用户青睐。

2. 针对不同平台受众群体的内容定制

不同平台的用户属性存在显著差异，内容分发时需要针对不同平台的受众群体特性进行调整。在知乎，用户偏好理性、深入的讨论，品牌方可以通过提供专业见解、知识科普等方式提升用户对品牌的信任度。小红书的用户则更喜欢情感化、体验性的内容，因此生活方式类的内容、个人体验分享会更容易与用户产生共鸣。抖音用户年轻化趋势明显，追求轻松、娱乐性强的内容，品牌方可以通过发布富有创意的短视频吸引年轻用户的关注。

3. 平台间的内容互动与引流

通过多平台内容联动，构建内容传播闭环，实现曝光最大化和流量高效转化。品牌方可以通过微博、抖音等社交平台发布活动预告，吸引用户到微信、官网等平台深度参与活动。微信公众平台发布的深度内容可以通过微博、知乎等平台进行二次传播，扩大影响力。通过跨平台互动活动，如联合微博、抖音发布话题挑战赛、粉丝互动等，增加品牌在不同平台的曝光机会，形成全渠道的营销闭环。

（三）时间策略

内容分发的时间策略同样决定了品牌内容能否高效触达受众，正确选择发布时间和内容更新频率，能有效提升内容传播的效率和影响力。

1. 发布时间优化

不同平台用户的活跃时间段不尽相同，因此需要根据平台的特性和用户行为习惯，选择最佳的发布时间。

微信用户多在早上 7 点至 9 点、中午 12 点至 1 点、晚上 9 点至 11 点等时间段查看微信内容，因此适宜在这些时间段发布文章。微博由于活跃用户群体较为广泛，早中晚高峰时间段均可考虑发布内容，但对于热点事件的实时发布尤为重要，保持时效性可以快速提高内容曝光率。抖音用户的主要活跃时段集中在晚上 9 点至凌晨时分，因此夜间发布视频能获得较高的观看量。

2. 内容更新频率控制

内容更新频率也是保持用户活跃度的关键。更新过于频繁可能导致用户反感，而过于稀疏又会削弱用户黏性。

由于微信平台的内容具有深度属性，一般建议每日或每两天更新一次，保持适度的频率既能维持用户黏性，又可避免信息过载导致的关注疲劳。微博信息流动性强，更新频率可以相对较高。品牌可以每天发布多条微博，保持用户的持续关注。抖音内容的持续更新是吸引粉丝关注的关键，每日发布一到两条视频，可以保持用户的观看习惯和品牌的曝光度。

3. 热点事件响应机制

即时响应社会热点事件是提高品牌曝光率的重要手段，尤其在微博、抖音等平台，热点事件具有极强的传播力。

品牌方需要建立敏锐的热点监测机制，时刻关注社会舆论和行业动态。当热点事件发生时，品牌方可以通过评论、创意内容快速参与讨论，借势提升品牌的声量。

通过与热点事件相关的内容创作，比如在抖音、微博上发布与热点话题相关的视频或微博，能够迅速增加品牌的曝光量。需要注意的是，品牌方参与热点话题的方式应与其调性保持一致，避免因不当营销而引发负面舆论。

二、内容推广方法详解

（一）自然推广

自然推广是一种不依赖大量付费手段，而依托内容本身的吸引力和品牌影响力，实现长期稳定增长的推广方式。在自然推广中，SEO优化、话题营销、用户互动与社群运营是最常见且有效的策略。SEO优化是指通过技术手段和内容优化来提高品牌在搜索引擎中的排名，以获得自然流量。通过对关键词的研究与合理布局，品牌可以使其内容更容易被搜索引擎抓取和显示。在此过程中，品牌方应注重内容的质量和相关性，确保提供的信息符合用户的搜索意图。此外，网站速度、移动端适配等技术优化也是提升SEO效果的重要因素，只有当页面加载迅速且适配不同设备时，才能提升用户的体验感并获得搜索引擎的青睐。

话题营销则是通过参与或引导用户对特定话题的讨论，借助社交媒体的广泛传播力来提高品牌的曝光度的一种方式。品牌方可以借助社会热点事件进行话题引导，迅速吸引大量用户的关注，提升互动率和品牌知名度。除了借势营销外，品牌方还可以创造符合自身定位的独特话题，引发用户共鸣。成功的话题营销往往具备简洁明了、易于参与的特点，能够引导用户自发进行讨论和分享，进而形成广泛传播。

用户互动与社群运营是自然推广中的重要组成部分。通过与用户建立持续的互动，品牌方可以增强用户对内容的参与度和忠诚度。在这一过程中，品牌方可以利用微信、QQ等社群平台，建立专属的用户社区，通过定期发布内容、组织互动活动等方式，维持社区的活跃度。同时，及时回应用户的评论与反馈，能够有效提升品牌的用户黏性，帮助品牌在用户中建立正面的情感连接。

（二）付费推广

相比自然推广，付费推广是一种快速获取流量和曝光的方法，通常通过广告投放、KOL合作以及精准的受众定向来实现。平台广告投放是品牌常用的推广方式，包括信息流广告、搜索广告和展示广告等形式。在信息流广告中，广告内容会嵌入用户的日常浏览体验中，如微博、微信朋友圈、抖音等平台，这种形式的广告与用户原本的内容流结合紧密，降低了广告干扰的可能性，从而提升用户点击率。搜索广告则是基于用户的搜索行为进行的定向投放，品牌方可以通过购买与目标关键词相关的广告位，在用户搜索相关信息时获得优先曝光机会。通过图片或视频的形式将广告展现在网页或应用的固定区域，能够大范围提升品牌的视觉形象和认知度。

通过与行业内有影响力的KOL进行合作，品牌方能够快速获得其粉丝的信任和关注，进而扩大品牌影响力。合作的形式可以多种多样，包括KOL的内容创作、产品推荐、试用分享等。KOL 的背书效应能够增强品牌的可信度，并通过 KOL 的粉丝网络形成二次传播。同时，品牌内容的植入也能够通过软性营销的方式潜移默化地影响用户，特别是在短视频或直播平台中，用户往往更容易接受这些自然植入的内容。

精准投放与受众定向是提升付费推广效率的关键。在大数据技术的支持下，品牌方可以根据用户的行为习惯、兴趣偏好等数据，精确锁定目标群体，并进行个性化的广告投放。通过受众定向技术，品牌方不仅可以确保广告展示给最有可能感兴趣的用户，还能通过再营销策略对曾访问过品牌网站但未完成转化的用户进行二次触达，增加销售转化的可能性。

（三）病毒式传播

病毒式传播是一种通过设计极具吸引力和传播性的内容，借助用户的自发分享，迅速在社交媒体上形成裂变式扩散的推广方法。在病毒式传播中，创意内容的设计是最核心的部分。只有具备强烈吸引力的内容，才能引发用户自发传播。品牌方可以通过幽默、情感共鸣或颠覆性创意等手段，设计出让用户愿意分享的内容。情感共鸣是病毒式内容设计中常用的手段之一，品牌方通过引发用户的情感认同，能够激发他们分享的欲望。此外，创新和突破常规的表现形式，也能让内容在信息爆炸的环境中脱颖而出，吸引大量关注。

为了进一步推动病毒式传播，品牌方可以通过设定奖励机制，鼓励用户分享内容，如通过邀请好友获得优惠券或参与抽奖等方式，提升用户的分享意愿。同时，利用社交媒体的互动特性，品牌方可以设计一些具有社交属性的活动，让用户在参与互动的同时推动内容的二次传播。比如在微信朋友圈、小红书等平台，通过好友助力等方式，可以有效扩大内容的传播范围并增加互动量。

品牌方可以通过设计裂变活动或裂变海报，让用户在分享过程中不断扩散品牌信息。例如，用户生成带有个人信息的裂变海报，并通过社交媒体分享，吸引更多人参与。这种通过用户推荐用户的方式，能够快速实现品牌的传播裂变，并在短时间内大规模提升品牌的知名度。

■ **课内拓展**

认识新媒体品牌文案

品牌人格化让文案有调性

课中·练

运用 135 编辑器进行图文排版

通过对比，助农小组计划运用 135 编辑器对公众号推文进行专业化排版编辑，以提升读者的第一印象，激发读者的兴趣，从而塑造农产品品牌形象。

任务要求：

（1）4—6 人为一组，分组完成规定的任务。

（2）认识 135 编辑器。

（3）进行推文排版。

（4）呈现排版效果。

任务实施：

（1）确定组长与副组长，组长负责分工，副组长负责记录。

（2）进入 135 编辑器的首页，熟悉操作页面。

（3）根据活动主题，对公众号推文进行排版。

基础排版包括字号、颜色、行间距、字间距、页边距的设置。其中字号的设置要考虑不同读者的需求。对于大众定位的公众号来说，正文用 14~16 号字，小标题用 16~18 号字，注释文字用 12~14 号字，并且尽量不要用斜体。颜色一般一篇文章不超过 3 种配色，也不要选择太鲜艳的颜色，正文不建议用纯黑色，在手机上会显得刺眼。行间距适合设置为 1.5 倍或 1.75 倍，这两个行间距视觉体验较佳。字间距设置得稍微宽松一点，阅读体验也会提升不少。页边距就是文章两边的留白距离，一般为两端缩进。

（4）借助 135 编辑器，完成推文的排版工作，并呈现排版结果。

优化排版一方面可以塑造良好的品牌形象，一方面可以提高转化率。优化排版包括顶部关注、底部引导、文字强调。顶部关注可以吸引读者，设置顶部关注时要根据行业或品牌的风格来选择适合的顶部关注素材。底部引导也能吸引读者的注意力，引导读者关注微信公众号，最常见的是通过动态二维码呈现。文字强调可以通过变换文字的大小、字体、颜色等方式完成，可以帮助读者在短时间内抓取文章的核心意思和重点信息，通常包括一些重要的信息、总结性的观点等。

成果提交与评议：

（1）各小组组长在规定时间内提交结果，并进行展示。

（2）在展示过程中，认真听取老师的评价与分析，并由副组长在任务单中做好记录。

表 3.5 任务单

任务名称		小组名称	
日期		时间	
组长		副组长	
其他成员			
任务讨论及说明			
方案实施过程			
存在的问题以及解决方案			
结果展示及说明			
评分			
反思与总结			
优点		缺点	

课后·测

一、填空题

1. 内容营销的最大特点是＿＿＿＿＿＿。通过为受众提供实际的、富有意义的内容，品牌能够建立权威性并与用户建立长久的关系。

2. 热点话题通常在社交平台上具备天然的传播优势，＿＿＿＿＿＿。

3. 社群不仅是用户交流和互动的平台，也是品牌＿＿＿＿＿＿的有效渠道。

4. 病毒式传播是一种＿＿＿＿＿＿的内容，借助用户的自发分享，迅速在社交媒体上形成裂变式扩散的推广方法。

5. 相比于直接推销，内容营销强调＿＿＿＿＿＿、＿＿＿＿＿＿，来增强用户对产品的兴趣和理解。

6. 通过内容的不断更新和分享，品牌可以在用户心中塑造出＿＿＿＿＿＿的形象。

二、多选题

1. 内容营销的意义包括（　　）。

A. 吸引和留住目标用户　　　　　　B. 提升品牌的影响力和知名度

C. 推动用户转化与销售增长

2. 标题吸引力的提升方法有（　　）。

A. 简洁明了　　　B. 突出主题　　　C. 引发好奇心　　　D. 加入数字或关键词

3. 内容推广方法有（　　）。

A. 自然推广　　　B. 付费推广　　　C. 病毒式传播

4. 通过用户画像，品牌可以了解目标用户的（　　），以及他们在不同平台上的行为偏好。

A. 需求　　　　　B. 痛点　　　　　C. 行为　　　　　D. 价值

5. 内容日历不仅仅是制定一个时间表，它还应该包含详细的（　　）。

A. 平台发布计划　　　　　　B. 具体的执行细节　　　　　　C. 用户群体

项目四

社交媒体营销与运营

教学目标

知识目标：
1. 了解社交媒体营销的概念
2. 理解社交媒体受众策略、互动策略
3. 了解社交媒体社区营销的概念与策略
4. 理解主要社交平台的核心指标

技能目标：
1. 能够根据社交媒体社区特征完成社区运营
2. 能够完成社交媒体社区的维护与管理
3. 能够完成主要社交平台的社交媒体互动数据分析

素养目标：
1. 具备创新思维，能够在社交媒体营销与运营中提出创新的思路
2. 具备正确的价值观，能够在社交媒体中传播积极向上的内容

项目引导

助农小组观察到有许多的品牌都在做社交媒体营销，为了更好地推广农产品，拓展市场，助农小组在老师的指导下，计划利用社交媒体进行农产品的营销，利用社交媒体更加广泛地传播品牌和产品，更好地与目标用户建立联系，提高店铺的知名度，进一步促进产品的销售。

思维导图

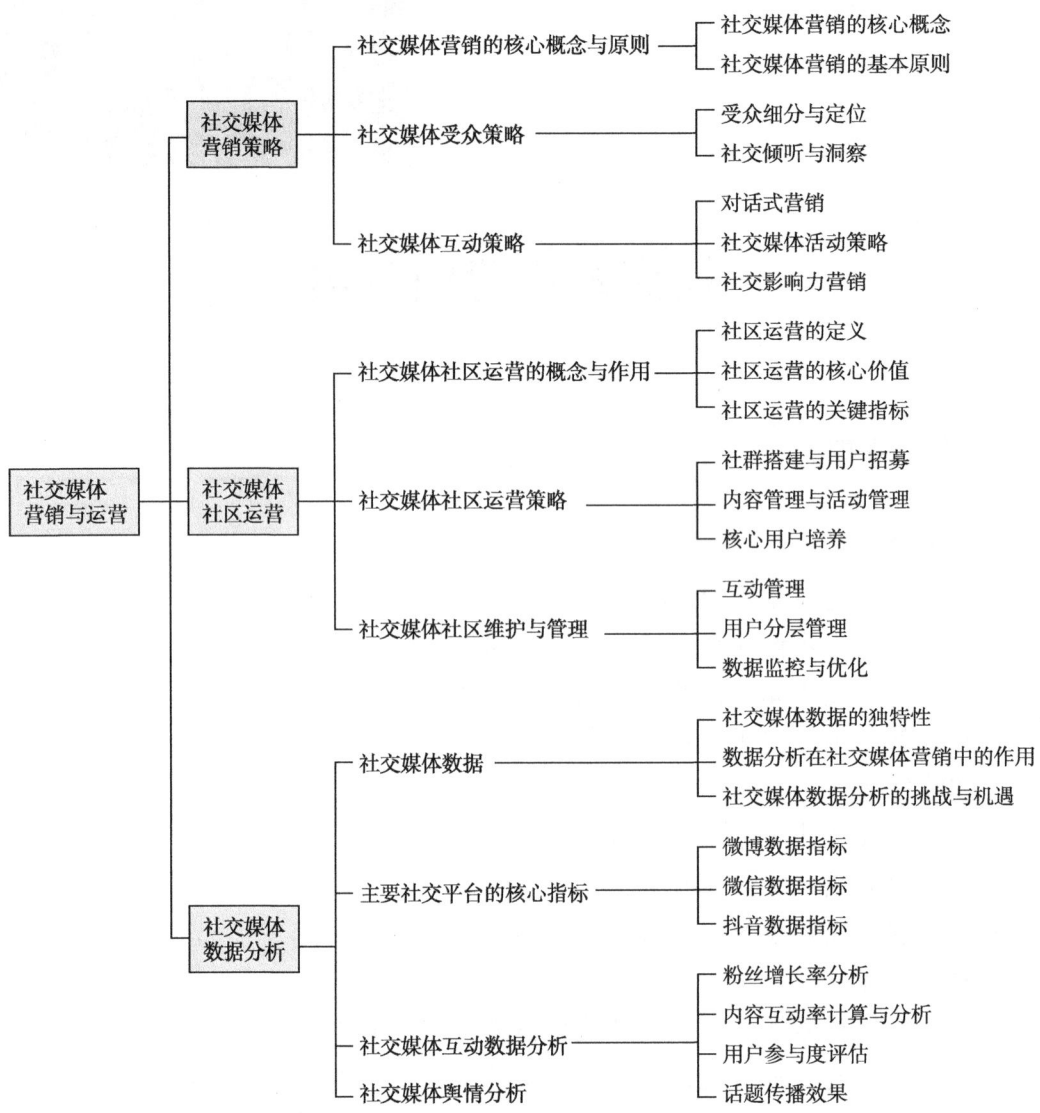

课前·思

1. 常见的社交媒体都包含哪些?

_____

_____

_____

2.如何有效地利用社交媒体的特点推广产品,提高品牌美誉度?

_____
_____
_____

课中·学

 社交媒体营销策略

一、社交媒体营销的核心概念与原则

(一)社交媒体营销的核心概念

社交媒体营销是品牌通过社交平台进行品牌推广、产品宣传、用户互动等活动的营销策略,其主要目的是增加品牌曝光、增强用户参与感并最终实现用户转化。与传统广告营销不同,社交媒体营销更强调用户的主动参与和互动性。这一策略借助社交平台的互动功能,让品牌与用户之间不仅仅是单向的信息传递,更是双向的沟通与交流。通过这种双向互动,品牌方能够深入了解用户需求、增强用户信任感,并在潜移默化中提升用户对品牌的忠诚度。

社交媒体营销的互动性和病毒传播性是其区别于传统广告营销的两个重要特征。在传统广告中,品牌方通过单向的传播途径向用户传递信息,而用户的参与度相对较低。社交媒体营销则通过社交平台的特性,让用户在信息传播过程中发挥重要作用。用户可以通过点赞、评论、转发等方式参与到品牌的传播中,形成病毒式的扩散效应,极大地增强了品牌的影响力。

另外,社交媒体营销不仅关注品牌和产品的推广,更注重通过有价值的内容或互动体验来吸引用户的长期关注。这种模式强调持续性和关系的建立,品牌方通过不断为用户提供有趣、有用的信息,与用户保持长久联系,最终引导他们采取购买、推荐

等具体行动。因此，社交媒体营销的核心不仅仅是推销产品，而是通过互动建立品牌与用户之间的信任和情感联系。

（二）社交媒体营销的基本原则

社交媒体营销要想取得成功，需要遵循几个基本原则：真实性与透明性、互动性，以及以用户为中心。这些原则可以帮助品牌更好地理解社交媒体平台的特性，并有效利用这些平台与用户建立深度联系。

1. 真实性与透明性

在社交媒体环境中，用户对品牌的真实性和透明性有着极高的要求。社交平台是信息快速流动的开放环境，用户可以通过多种渠道了解品牌的行为和活动。如果品牌方的信息存在虚假或不透明的情况，易引发用户的不信任，进而对品牌形象造成负面影响。因此，品牌方在社交媒体营销中的第一条原则就是保持真实性和透明性。

真实性体现在品牌方展示的内容和活动必须与实际一致。品牌方在与用户互动时，应该表现出真实的态度，不夸大产品功能或服务效果。通过分享品牌背后的故事、团队文化或社会公益活动等内容，品牌方可以拉近与用户的距离，使用户更容易对品牌产生认同感和信任感。例如，许多品牌方通过分享员工日常生活、生产过程等内容，展现出品牌真实的一面，赢得用户的好感。

透明性则要求品牌方在处理与用户的关系时，要保持信息公开透明。尤其是在面对用户的质疑、投诉时，品牌方应迅速回应并给出清晰的解释，而不是回避问题或给出模棱两可的答复。通过真诚、透明的沟通方式，品牌方可以有效化解用户的不满，并进一步增强用户的信任。如果品牌方在社交媒体上过度营销，试图通过不真实的信息吸引用户，则可能适得其反，甚至导致品牌形象受损。因此，品牌方必须始终坚守真实性与透明性这一核心原则。

2. 互动性

在传统广告营销中，用户仅仅是信息的接收者，而在社交媒体环境中，用户成为了信息的互动者和传播者。因此，品牌方不仅要发布内容，还要积极与用户进行互动，鼓励用户参与。互动性不仅可以提高用户的参与感，还能增强品牌的活力，形成社区氛围，增加用户的黏性。

互动性的实现形式多样，品牌方可以通过评论回复、在线问答、社交话题、直播等方式与用户直接互动。例如，在用户对产品发表评价时，品牌方应及时回复，不论是正面的评价还是负面的反馈，都应予以真诚的回应。通过与用户的密切互动，品牌方不仅能有效提升用户的参与度，还能体现出对用户意见的重视，从而赢得用户的好感。

互动性还包括品牌方主动发起话题或活动，吸引用户参与。例如，品牌方可以发起挑战赛、抽奖活动或社交媒体上的投票活动，鼓励用户积极参与和分享。这类互动活动能够迅速扩大品牌的影响范围，并在短时间内提高品牌的曝光度。此外，品牌方通过互动还可以收集用户的反馈信息，了解用户的需求和偏好，从而调整自身的营销策略，更好地满足用户需求。

3. 用户为中心

社交媒体营销的核心原则是以用户为中心，所有的营销活动都应围绕用户展开。在社交媒体平台上，用户需求和体验至关重要，品牌不再是信息的唯一掌控者，而是用户需求的响应者和服务提供者。因此，品牌方在设计营销活动时，必须始终关注用户的需求和兴趣点，以提供真正有价值的内容为基础。

品牌方在进行社交媒体营销时，必须从用户的角度出发，了解用户的痛点和需求，并通过内容为用户提供解决方案。例如，品牌方可以发布与用户生活相关的实用信息、产品使用技巧或行业知识，帮助用户更好地理解和使用产品。通过这种提供价值的方式，品牌方能够建立起用户的信任，吸引用户主动关注和参与，而不是通过强行推销产品来获得短期的流量。

以用户为中心的营销活动还应注重用户的体验感和参与感。品牌方可以根据用户的反馈不断优化内容和互动方式，确保用户在参与过程中感受到尊重和关怀。通过个性化推荐、定制化互动内容等方式，品牌方可以进一步提高用户的忠诚度和满意度，最终推动用户自发为品牌传播、推荐。

二、社交媒体受众策略

（一）受众细分与定位

精准的受众细分与定位是制定社交媒体营销策略的基础。社交媒体平台上的用户具有高度多样性，他们的兴趣、需求和行为各不相同，因此，品牌方需要通过细分受众群体，明确目标用户的特征，制定具有针对性的内容和互动策略。

1. 社交媒体用户画像绘制

用户画像是通过分析用户的基本信息、兴趣偏好、行为习惯等数据，构建详细的虚拟用户形象，用于帮助品牌了解目标群体。通过用户画像的绘制，品牌方可以更清楚地理解目标受众的具体特点，从而设计出更有针对性的内容。

绘制用户画像的过程通常包括对用户的年龄、性别、地域、职业、收入等人口统计学特征的分析。同时，还需要考虑用户的兴趣、生活方式、购买习惯以及在社交媒体平台上的行为特点。例如，一个时尚品牌可能会根据平台数据分析出其目标受众为25~35岁的都市女性，她们关心时尚潮流，关注生活品质，活跃于小红书、微博等平台。通过这种用户画像的建立，品牌方可以设计出更加贴合目标用户需求的社交内容和营销活动。

2.兴趣图谱与行为分析

除了基本的用户画像,品牌方还需要深入了解用户的兴趣图谱和行为模式。兴趣图谱是用户在社交媒体上关注的主题和话题的集合,反映了用户的兴趣点。通过分析用户的兴趣图谱,品牌方能够发现用户在社交媒体上活跃的领域,并将营销信息与用户的兴趣点相结合,增加互动和转化的机会。

行为分析则包括用户在社交媒体上的浏览、互动、转发等行为习惯。通过了解用户在不同时间段的活跃情况、内容消费偏好以及互动方式,品牌方可以更加精准地选择内容发布的时间、形式和风格。例如,通过分析用户的活跃时段,品牌方可以选择在用户最活跃的时间发布内容,提升内容的曝光率和互动率。

3.多平台受众交叉分析

由于不同社交媒体平台的用户属性和行为习惯存在差异,品牌方需要通过多平台的受众交叉分析,了解用户在不同平台上的表现和偏好。通过这种分析,品牌方可以发现用户在不同平台上的行为差异,从而制定更加立体化的内容策略。

例如,用户在微博上可能倾向于获取短平快的热点资讯,而在抖音或小红书上更倾向于观看娱乐化、生活化的视频内容。品牌方可以根据这些差异,在不同的平台上呈现不同的内容风格,以满足用户在不同平台上的需求。同时,交叉分析还可以帮助品牌方发现跨平台的用户行为链条,进而优化平台间的引流和协同效应。

(二)社交倾听与洞察

社交倾听是一种通过监测和分析社交媒体上的用户讨论、情感表达、热点话题等信息,洞察用户需求、品牌表现和市场动向的策略。通过社交倾听,品牌方能够获得更加真实、即时的用户反馈,从而及时调整营销策略和运营计划。

1.社交媒体舆情监测

社交媒体舆情监测是通过实时追踪和分析社交平台上的品牌相关话题和讨论,了解用户对品牌的情感态度和舆论趋势。通过舆情监测,品牌可以掌握公众对品牌的看法,及时发现潜在的危机或负面情绪,并迅速采取应对措施。

舆情监测通常借助大数据分析工具,对品牌名称、产品关键词、竞争对手等进行跟踪分析,了解用户对品牌的正面、负面评论的比例及变化趋势。例如,某个品牌方在推出新产品后,可以通过舆情监测工具及时了解用户的反馈,判断产品是否受欢迎,是否有用户提出改进意见,是否有负面评价快速传播等。

2.用户需求与痛点挖掘

通过社交倾听,品牌方还可以挖掘用户的潜在需求和痛点。这些需求和痛点可能是用户在产品或服务使用中的困惑、期望解决的问题或新的需求点。通过深入分析用户的评论和讨论,品牌方可以发现机会,并基于这些需求开发新的产品功能、优化服务流程或调整市场策略。

例如，在社交媒体上用户常常讨论的"希望某款产品具有哪些新功能""使用过程中遇到的障碍"等反馈，品牌方可以通过这些内容迅速调整产品或提供新的解决方案，进一步提升用户满意度。品牌方应积极回应这些讨论，通过提供建设性建议或改进产品来赢得用户信任。

3. 竞品社交表现分析

社交媒体不仅是品牌方与用户沟通的渠道，也是品牌对竞争对手进行监测和分析的有力工具。通过监测竞品在社交媒体上的表现，品牌方可以了解竞争对手的社交媒体策略、用户反馈情况、内容表现等，从而调整自身策略，抢占市场先机。

竞品社交表现分析包括监测竞品发布的内容类型、互动情况、用户评论以及竞品的舆情变化。通过对比竞品和自身的社交表现，品牌方可以发现自身的不足或机会。例如，品牌方可以通过分析竞争对手的热门营销活动、用户的积极反馈，判断竞争对手哪些策略成功，哪些策略有待改进，进而优化自身的内容和活动设计。

三、社交媒体互动策略

社交媒体互动策略是品牌方在社交媒体营销中与用户建立紧密联系的关键，通过互动，品牌方能够增强用户的参与感、提升用户黏性，并及时回应用户的需求与反馈。互动策略不仅涉及日常的对话与沟通，还包括活动策划、影响力营销等多个方面，以确保品牌方能够有效吸引、激励并保持用户的长期关注和信任。

（一）对话式营销

对话式营销是指品牌方通过社交媒体平台与用户进行实时、双向的沟通，建立一种类似于对话的互动形式。这种方式能够使品牌方更加贴近用户需求，并通过即时、个性化的回应提升用户体验，进而增强品牌的亲和力和忠诚度。

1. 建立实时响应机制

在社交媒体的快速节奏下，用户希望品牌方能够及时响应他们的评论、问题和反馈。为此，品牌方需要建立起高效的实时响应机制，确保能够在用户提出问题后第一时间给予回复。这不仅能够有效提升用户的满意度，还可以在用户遇到困惑或问题时及时帮助解决，避免问题扩大化。

品牌方可以借助社交媒体管理工具来监控用户的评论和提问，设定自动提醒功能，以确保在用户互动后能够迅速做出回应。通过这种实时互动，品牌方可以保持与用户的紧密联系，并有效增强用户的品牌忠诚度。

2. 个性化互动策略

个性化互动是提升用户参与度的重要手段。品牌方通过分析用户的行为和偏好，针对性地提供个性化回复，能够让用户感受到品牌方对他们的关注和重视。例如，品牌方可以根据用户的浏览历史或购买记录，提供定制化的产品推荐或内容反馈。

品牌方可以通过使用用户的昵称、根据用户的特定需求进行个性化回复，进一步增强用户的归属感。这种个性化的互动不仅能够增加用户对品牌的好感，还能促成用户再次购买并分享给他人。

3. 危机公关与舆情管理

在社交媒体的公开平台上，品牌方容易面临负面舆情或危机事件。在这样的情况下，及时、正确地处理负面信息尤为重要。品牌方需要建立一套完整的危机公关和舆情管理机制，迅速识别潜在的舆论危机，并通过真诚、透明的沟通方式化解矛盾，避免危机进一步扩大。

品牌可以借助舆情监测工具，及时捕捉到用户的负面反馈或潜在的危机信号，快速做出反应。危机公关处理时，品牌方应第一时间发布正式声明，解释事件真相并提出解决方案，安抚用户情绪，避免事态升级。同时，品牌方还应积极回应用户的疑问和批评，通过真诚的沟通修复品牌形象。

（二）社交媒体活动策略

社交媒体活动是品牌与用户互动的重要方式，通过策划吸引用户参与的活动，品牌方可以扩大品牌曝光度，激发用户的参与热情，并促进用户之间的互动。

1. 话题引导与热点创造

品牌方可以通过发起与用户兴趣相关的话题或创造热点事件，吸引用户关注并参与讨论。例如，品牌方可以结合时下的社会热点、节日活动或流行文化，发起讨论话题或话题挑战，激发用户的讨论热情。

品牌方在引导话题时，内容应具有话题性和互动性，鼓励用户积极发表观点并与其他用户互动。通过话题的策划，品牌方可以在短时间内迅速提升在社交媒体上的曝光率，形成品牌的社交影响力。

2. 用户生成内容（UGC）激励机制

UGC（用户生成内容）是社交媒体上用户自发创作和分享的内容，通常更具真实性和影响力。品牌方可以通过设计激励机制，鼓励用户创造和分享与品牌相关的内容，从而增加品牌在社交平台上的声量和传播力。

品牌方可以通过提供奖励、优惠券或产品试用等方式，激励用户拍摄视频、撰写评论或分享使用体验。例如，美妆品牌方可以通过赠送产品样品的方式，鼓励用户在小红书、抖音等平台分享使用心得。这种方式不仅能够增加品牌的曝光，还能形成真实的用户口碑传播。

3. 社交游戏与挑战活动设计

设计社交游戏或挑战活动是吸引用户参与的重要方式,尤其是在短视频平台上,挑战赛等形式能够迅速引发用户的模仿和传播。品牌方可以结合自身定位和产品特点,设计有趣且易于参与的游戏或挑战,激发用户的好奇心和参与感。

例如,品牌方可以发起一场"挑战赛",邀请用户模仿视频中的动作、情景或拍摄创意短片,并通过设定奖励机制来推动活动的传播。这类活动通常具备娱乐性和互动性,能够在短时间内大幅提高品牌的曝光度,并增强与用户的情感连接。

(三)社交影响力营销

社交影响力营销是一种通过与意见领袖、网红和内部员工合作,扩大品牌影响力的营销策略。通过与这些拥有社交影响力的人物合作,品牌能够快速进入其粉丝圈层,增强品牌的可信度和传播力。

1. KOL合作策略

KOL(意见领袖)是指在某一领域具有影响力的人物,他们的观点和建议往往会影响到大批粉丝的消费决策。品牌方通过与KOL合作,可以快速提升产品的可信度和知名度,并通过KOL的推荐吸引大量粉丝的关注。

在选择KOL时,品牌方需要考虑其粉丝群体与品牌目标受众的契合度。合作形式可以是KOL代言、产品测评、视频植入等。通过这种方式,品牌能够借助KOL的影响力,迅速提升在社交媒体上的声量和市场渗透力。

2. 微网红与种子用户培养

除了KOL,微网红和种子用户也是品牌社交媒体营销中的重要力量。微网红虽然粉丝量不如KOL庞大,但他们的粉丝垂直且互动频繁,这使得微网红的推荐更具信任感和亲和力。

品牌方可以通过与微网红合作或培育种子用户的方式,逐步扩大其在特定细分市场的影响力。通过为这些用户提供专属福利、提前体验新品等方式,品牌方能够激励他们成为品牌的忠实传播者。这些种子用户和微网红不仅能够为品牌带来真实的用户反馈,还能够通过口碑传播吸引更多用户参与。

3. 员工社交媒体赋能

品牌方的员工也是潜在的社交媒体影响力群体,特别是一些注重企业文化或技术创新的品牌,员工的发声可以为品牌增加更多可信度和专业性。通过赋能员工,鼓励他们在社交媒体上分享与品牌相关的内容,可以帮助品牌扩展传播渠道,提升企业形象。

品牌可以通过举办内部社交媒体培训、激励员工参与社交活动或鼓励员工在个人社交账号上分享工作体验塑造正面的企业形象。员工的真实声音往往比品牌的官方话语更具信任感,从而帮助品牌在公众中树立更加亲切和真实的形象。

课内拓展

社群与社群营销

社群互联网思维

社群组建 ISOOC 模型

课中·练

社群互动营销策划

助农小组通过大量的市场调研之后，将店铺营销定位为提供优质生鲜水果的店铺，以提供当季最新鲜、最健康的水果产品满足顾客需求。客户进入店铺以后，可以根据自己的兴趣爱好选择不同的水果。为了增加用户的黏性，挖掘其价值增长点，助农小组打算开展社群互动营销。首先创建微信社群，确定社群口号，完成社群视觉设计；其次，开展相应的社群互动营销活动，以创新服务体验；最后与读者形成有效的日常化互动，实现与其他水果店铺的差异化经营。

任务要求：

（1）4—6人为一组，分组完成规定的任务。

（2）根据店铺特点组建社群。

（3）设置入群规则。

（4）策划互动营销活动。

任务实施：

（1）确定组长与副组长，组长负责分工，副组长负责记录。

（2）根据社群互动营销的需要，分析社群创建的目的并完成社群创建基本信息的策划，填入下表。

微信社群组建

表 4.1　助农小店社群基础信息

社群名称	
社群口号	
社群 logo	
社群公告	
社群价值	

（3）根据小店现有购买者信息，聚集核心种子成员，设置入群规则，不断壮大社群，实现精准互动营销，完成下表。

表 4.2　种子成员信息及入群规则设置

目标成员定位		
种子成员信息	来源	
	性别	
	年龄	
	职业	
	爱好	
	入群动机	
	……	
入群规则设置		

（4）为了提升社区活跃度，增加与社群成员的互动，根据社群性质及人员构成，策划一场有意义的社群分享/社群交流活动，完成下表。

表 4.3　社群营销活动策划

活动类型		
活动主题		
活动通知		
活动准备事项		
活动过程	暖场过程	
	互动过程	
	控场过程	
	……	
活动效果分析		

成果提交与评议：

(1) 各小组组长在规定时间内提交结果，并进行展示。

(2) 在展示过程中，认真听取老师的评价与分析，并由副组长在任务单中做好记录。

表4.4 任务单

任务名称		小组名称	
日期		时间	
组长		副组长	
其他成员			
任务讨论及说明			
方案实施过程			
存在的问题以及解决方案			
结果展示及说明			
评分			
反思与总结			
优点		缺点	

> 课中·学

任务二 社交媒体社区运营

一、社交媒体社区运营的概念与作用

（一）社区运营的定义

社交媒体社区运营是品牌通过搭建并管理社交平台上的品牌社群，维护和发展用户关系，提升用户活跃度和参与感的过程。社群可以是微信群、QQ群、论坛、社交媒体小组等各种形式，品牌方通过社区运营来建立与用户的深度连接。社区运营不仅仅是通过发布内容维持社群的活跃，还包括组织活动、互动、回应用户反馈等多个方面，以提升用户对品牌的认同感和忠诚度。

社区运营的目标是形成品牌的核心粉丝群体，通过日常互动和活动增强用户的归属感和忠诚度。同时，社群的高参与度也能吸引更多潜在用户的加入，帮助品牌扩大影响范围和市场渗透力。品牌方通过社交媒体社区，不仅能更直接地接触到用户，还能为用户提供交流和反馈的平台，进一步增强品牌与用户之间的关系。

（二）社区运营的核心价值

社交媒体社区运营为品牌带来了多重核心价值，这些价值直接关系到品牌的用户黏性、市场反馈机制以及口碑传播。

1.用户关系维护

社区运营通过日常互动、定期活动等形式，帮助品牌增强与用户之间的黏性。通过在社群中为用户提供专属的内容、优惠和福利，品牌方能够让用户感受到自己是品牌大家庭的一员，增强归属感。此外，社区中的实时互动使品牌方能够及时回应用户的需求和问题，增进彼此的信任与情感连接。通过这种方式，品牌方能够不断强化用户的忠诚度，并将普通用户逐步转化为品牌的忠实粉丝。

通过维护用户关系，品牌方还可以减少用户流失，尤其是在竞争激烈的市场中，社区运营能够帮助品牌方留住现有客户,并通过不断的内容发布和互动维持高用户留存率。社群中的积极互动不仅能提升用户对品牌的认同感,还能促使他们在有相关需求时优先选择品牌的产品或服务。

2. 反馈与优化

通过与用户的实时互动,品牌方能够更快、更全面地了解用户的需求、问题和对产品的期望。用户的真实反馈可以帮助品牌方识别产品和服务的不足,及时调整和优化。社群中的讨论、问题汇总以及意见收集都是品牌方进行产品和服务优化的宝贵资源。此外,品牌方可以通过社区运营进行小范围的产品测试,收集用户的初期反馈。这种"内部测试"机制不仅能够有效降低新品上线后的失败风险,还能通过优先让核心用户体验新品,增强他们的参与感和忠诚度。

3. 口碑营销

社区运营能够促进用户之间的积极交流和口碑传播。当用户在社区中对品牌表达正面评价时,这些评价能够通过社交网络迅速传播,影响其他潜在用户的购买决策。通过用户的自发推荐和分享,品牌的形象得到更真实的传播效果,这种口碑传播往往比广告更具说服力和可信度。品牌方可以利用社区运营来激励用户分享他们的使用体验和感受,通过提供奖励、积分等方式鼓励用户参与内容创作。随着社群成员的不断推荐,品牌的口碑效应会逐渐扩大,从而帮助品牌吸引更多的潜在客户。

(三)社区运营的关键指标

要衡量社区运营的效果,品牌方需要关注几个关键指标,这些指标反映了用户在社群中的活跃度、参与情况以及社群的整体健康度。

1. 用户活跃度

用户活跃度反映了社群成员对社区活动、内容和互动的参与度。高活跃度表明用户对社区的内容和活动感兴趣,愿意持续参与社群互动。品牌方可以通过定期组织活动、发起讨论、分享有价值的信息来保持用户的活跃度。

2. 留存率

用户留存率是社区运营中一个关键的长期指标,它用来衡量社群成员的持续参与情况。高留存率表明品牌方成功地通过社区运营留住了用户,反映了用户对品牌和社群的认可。留存率越高,表明用户对社群有更强的依赖感和忠诚度。通过定期为用户提供独家内容或特别优惠,品牌方可以有效提升用户留存率。

3. 社群互动频率

社群互动频率是指用户在社群中的发言、评论、点赞等行为的频次。互动频率能够反映出用户之间的联系紧密度以及社群的活跃氛围。高频互动意味着用户不仅关注社群的内容,还愿意分享自己的观点并与其他用户交流。品牌方可以通过发起讨论话题、问答环节或活动竞赛等方式来提高互动频率,进而增强社群的整体活力。

二、社交媒体社区运营策略

(一)社群搭建与用户招募

社群搭建是社交媒体社区运营的基础,建立一个稳定且活跃的用户群体,首先需要通过多种方式进行用户招募。品牌方可以通过利用已有的流量池或借助付费推广,吸引目标用户加入社群。

品牌自有流量池是社群招募的重要来源,例如微信公众号、微博粉丝等已经积累下来的品牌用户群体。品牌方可以通过推送定向的邀请信息,将这些用户引导至社群中,例如在微信公众号的推文中附上社群的二维码,邀请关注的用户加入。这样一方面能确保进入社群的用户对品牌有基本的认知,另一方面能够提升社群的质量,因为这些用户往往更具参与意愿。

对于还未触达的潜在用户,品牌方可以借助付费流量,如通过广告推广的方式进行用户招募。在抖音、微博等平台上投放定向广告,吸引相关兴趣群体进入社群。广告内容可以以优惠、福利或专属体验为诱因,让用户感受到加入社群的价值。

在搭建社群的渠道选择上,品牌方可以根据用户群体的习惯和平台特性做出不同的决策。在微信、QQ 等即时通讯工具上建立封闭型社群,适合深度互动和讨论;而在微博、小红书等开放平台上,品牌方可以通过评论区、私信互动等方式运营半开放型社群,逐步扩大影响力。无论选择哪种方式,社群的搭建都应以便于管理和尊重用户习惯为前提。

(二)内容管理与活动管理

要保持社群的活跃度和用户的参与感,内容与活动的管理至关重要。高质量的内容输出能够不断吸引用户关注,保持社群的持续互动。而多样化的线上线下活动则可以增强用户的体验感和归属感,进一步提升社群黏性。

1. 定期输出有价值的内容

品牌方应结合用户的兴趣和需求,提供实用、富有娱乐性或教育性的内容。内容形式可以是产品使用技巧、行业趋势分析、用户关心的话题讨论等。通过发布内容满足用户的需求,品牌方可以在潜移默化中增强用户对品牌的好感和信任。此外,品牌方还可以分享独家资讯或为社群成员提供特别的优惠活动,让用户感受到加入社群的专属价值。

2. 活动管理

品牌方可以组织线上问答互动、产品试用体验会等活动,鼓励用户参与。例如,通过定期举办分享会,邀请专家或内部员工进行交流,增强用户的参与感。线下活动则可以通过产品体验日、社群见面会等形式增加用户的归属感,这样不仅能够增强用户的品牌认同,还可以进一步巩固社区的凝聚力。

3. 鼓励用户生成内容(UGC)

品牌方可以通过设计话题或发起挑战,引导用户分享自己的故事或产品体验。例如,在社群中发起"我与品牌的故事"话题,邀请用户分享自己的品牌使用体验,并给予一定的奖励。用户生成的内容不仅能够增加社群的互动和活跃度,还可以为品牌带来更多的真实反馈和口碑传播。

(三)核心用户培养

在社群运营中,识别并培养核心用户是推动社群发展的重要策略。核心用户往往是社群中的活跃者或具有较大影响力的人群,如KOC(关键意见消费者)。通过精细化的运营策略,品牌方可以充分发挥这些核心用户的价值,利用他们带动其他用户参与社群活动,发挥品牌传播影响力。

首先,品牌方需要识别社群中的核心用户,关注那些积极参与讨论、分享有价值内容的用户,以及经常为其他成员提供帮助的用户。这些核心用户不仅对品牌有较高的忠诚度,还能够通过他们的影响力帮助品牌扩大社群的传播。品牌方可以通过奖励、特殊荣誉或福利等方式,激励这些用户继续为社群贡献内容和力量。

其次,品牌方可以通过建立长期的合作关系,与核心用户保持紧密的联系。通过为他们提供独家体验、产品优先试用等权益,品牌方可以增强核心用户的归属感和认同感。同时,品牌方还可以邀请核心用户成为"社群大使"或"品牌代言人",鼓励他们主动分享品牌故事或参与品牌活动。

最后,核心用户的影响力可以用来带动更多用户关注品牌。品牌方通过激励核心用户分享品牌内容,可以借助他们的影响力覆盖更多潜在用户,形成社群的裂变式增长。特别是在KOC的带动下,用户更愿意相信来自普通消费者的真实体验,从而进一步提升品牌的公信力和市场声量。

三、社交媒体社区维护与管理

(一)互动管理

互动管理是社群维护的基石,及时、有效的互动不仅可以增强用户的信任感,还能提高社区的活跃度。社群内的互动既包括对用户问题、反馈的回应,也包括品牌方主动发起的活动和话题讨论。通过高质量的互动,品牌能够与用户建立更紧密的情感联系,并提升用户的忠诚度。

1. 及时回复用户问题和反馈

用户在社群中提出问题或发表反馈时,品牌需要尽快做出响应。无论是与产品相关的咨询、使用疑问,还是对于服务的评价,品牌都应以积极、真诚的态度进行处理。及时的回应不仅体现了品牌对用户的重视,还能有效提升用户的信任感。通过保持高效互动,品牌能让用户感受到自己的声音被倾听,从而更愿意持续参与互动。

2. 定期举办互动活动与话题讨论

品牌可以通过定期发起互动活动或话题讨论,进一步激发用户的分享欲望和讨论热情。比如发起问答环节、分享会等内容,鼓励用户参与其中,发表他们的看法与见解。这类活动不仅能增加社群的活跃度,还能增强用户的社群归属感。话题讨论则可以围绕用户的兴趣点或社会热点展开,吸引更多用户参与,促进社群成员之间的交流与联动。

(二) 用户分层管理

在社群运营中,不同的用户有不同的参与度和贡献水平,品牌方需要根据这些标准对用户进行分层管理,从而针对不同层级的用户制定更个性化的运营策略。这种精细化的管理不仅可以提升用户的体验,还能有效维持高质量用户的活跃度。

1. 用户分层标准

用户分层管理的核心是根据用户的活跃度、贡献度等行为表现对用户进行分类。通常,社群用户可以分为高活跃用户、普通活跃用户和低活跃用户。高活跃用户是社群的核心,他们频繁参与讨论、分享内容,对社群有较高的贡献;普通活跃用户则较为关注社群,但互动频次较低;低活跃用户则较少参与社群活动,处于观察或潜在流失状态。

2. 个性化的运营策略

针对不同层级的用户,品牌方需要制定差异化的运营策略。对于高活跃用户,品牌方可以提供更高的奖励或个性化关怀,例如优先体验新产品、参加品牌活动或获得专属优惠。通过这些激励措施,品牌方可以增强核心用户的黏性,鼓励他们持续活跃。

对于普通用户,品牌方可以通过提醒、活动邀请等方式,促使他们提高互动频率,逐步将他们培养成为核心用户。而对于低活跃用户,品牌方可以通过重新激活策略,如定向发送特定的内容或提供优惠,吸引他们重新参与社群互动。

(三) 数据监控与优化

数据监控是评估社群运营效果的重要手段,通过分析用户行为数据,品牌方可以了解社群的活跃状况、用户参与情况以及活动效果,从而为社群运营策略的调整和优化提供依据。定期的数据分析有助于品牌及时发现问题,并做出相应的改进。

品牌方需要定期监测社群内的活跃用户数量、发言次数、评论互动等数据,判断社群是否保持了足够的活跃度。如果发现社群的活跃度下降，品牌方应迅速采取措施，如调整内容发布频率、增加互动环节等，提升用户参与感。通过数据反馈，品牌方可以发现哪些内容和活动更受用户欢迎，并对社区内容和活动设计进行优化。例如，某种活动形式吸引了大量用户参与，则可以增加类似的活动频次；反之，如果某类内容未能获得预期的互动效果，品牌方则可以考虑改进内容策略，调整内容的呈现形式或话题方向。

优化后的社群运营策略应以提升用户的参与感和忠诚度为目标。通过精确的数据分析和持续的策略优化，品牌方可以创造出更加贴合用户需求的内容与活动，确保用户在社群中感受到持续的价值和乐趣。随着用户参与度的提升，品牌的口碑效应会不断增强，从而进一步促进社区的长期健康发展。

课内拓展

社群爆品打造

输出干货分享

课中·练

开展助农产品线上营销活动

考虑到提升社群成员的活跃度、提高产品销量的需要，助农水果小组准备从下个月月初开始，开展为期一个月的社群打卡和福利发放活动。活动奖励为：水果店优惠券、秒杀券等。

任务要求：

（1）4—6人为一组，分组完成规定的任务。

（2）根据任务策划简单的活动方案，方案中应该包括活动的主题、形式、时间、规则、奖励等。

（3）撰写活动方案并发布。

任务实施：

（1）确定组长与副组长，组长负责分工，副组长负责记录。

（2）确定活动主题：根据活动的类型进行活动主题的确定。

表 4.5　活动主题

项目	内容
活动主题	

（3）确定活动的规则：本次活动涉及打卡活动和福利发放两个活动，因此活动规则中应该包含两个活动的规则。

表 4.6　活动规则

社群活跃互动

活动	规则
社群打卡	
福利发放	

（4）生成活动策划：汇总活动信息，呈现活动策划。

表 4.7　活动策划表

项目	内容
活动主题	
活动形式	
活动时间	
活动规则	
活动奖励	

（5）撰写活动文案：文案要紧扣活动主题，清楚说明活动规则，并利用活动奖励吸引社群成员参加。需要详细描述。

表4.8 传播渠道分析

（6）发布活动文案：将写好的文案发布到社群中。发布时我们可以将活动文案分为两部分，一部分是以文字的形式呼吁社群成员积极参与活动，另一部分是以互动海报等形式发布活动详情。

表4.9 忠诚客户分析

项目	内容
参与活动文字撰写	
活动详情	

成果提交与评议：

（1）各小组组长在规定时间内提交结果，并进行展示。

（2）在展示过程中，认真听取老师的评价与分析，并由副组长在任务单中做好记录。

表 4.10 任务单

任务名称		小组名称	
日期		时间	
组长		副组长	
其他成员			
任务讨论及说明			
方案实施过程			
存在的问题以及解决方案			
结果展示及说明			
评分			
反思与总结			
优点		缺点	

课中·学

任务三 社交媒体数据分析

社交媒体数据分析在现代营销中的作用愈发重要,它能够帮助品牌方精确洞察用户行为、评估营销效果并优化策略。与传统数据相比,社交媒体数据具有独特性,对其进行分析为品牌营销提供了更多的机会与挑战。

一、社交媒体数据

(一)社交媒体数据的独特性

社交媒体数据是基于用户在不同平台上的行为、互动和内容生成所积累的庞大数据集合,具有以下几个显著的特征:

1. 实时性与即时性

用户的每一次点赞、评论、分享、观看都会即时生成数据,品牌方能够随时监控和分析这些数据,快速响应市场变化。与传统的市场调研或问卷调查相比,社交媒体数据能够实时反映用户的兴趣和行为。例如,当品牌方推出一条新的广告视频时,可以通过观察视频的播放量、点赞数、评论数等指标,实时了解受众的反馈和接受度。

2. 多样性与非结构化数据

社交媒体平台上的数据种类繁多,包括文本、图片、视频、音频等不同形式。这些数据大多是非结构化的,难以通过传统的分析工具直接处理。例如,在微信和微博上,用户的评论、留言等包含了大量的情感信息和个人观点,如果对这些文本数据进行深度挖掘,能够为品牌的市场策略提供重要的参考。

3. 互动性与社会关系网络

社交媒体数据不仅记录了用户的个体行为,还反映了用户之间的互动关系。转发、评论、点赞等行为体现了社交关系的影响力,社交媒体上的每个用户不仅是内容的消费者,也是内容的传播者。因此,品牌方需要分析用户之间的社交网络和互动模式,了解关键节点用户的影响力,帮助品牌方制定精准的社交传播策略。

（二）数据分析在社交媒体营销中的作用

社交媒体数据分析在现代营销中扮演着关键角色，能够帮助品牌从数据中提取信息，优化营销策略，提高投入产出比。具体作用如下：

1. 用户画像与行为分析

通过社交媒体数据分析，品牌方能够精准勾勒用户画像。平台上的行为数据，包括用户的互动习惯、兴趣爱好、活跃时间等，为品牌方深入了解目标受众奠定了基础。例如，通过分析用户的点赞、评论、分享等行为，品牌方可以识别出最具参与度的用户群体，并根据他们的兴趣点和需求，制定更加个性化的营销策略。

2. 内容优化与精准投放

社交媒体数据能够帮助品牌分析其发布内容的效果，进而优化内容创作。例如，通过分析微博或抖音上视频的播放量、点赞数和评论数，品牌方可以判断哪些类型的内容更受欢迎，从而调整内容创作方向。同时，数据分析还可以帮助品牌更精准地进行广告投放。通过分析用户的兴趣、互动历史等，品牌方能够找到精准的用户群体，提升广告的转化率和有效性。

3. 舆情监测与危机管理

社交媒体上的数据还反映了用户对品牌的态度和情感。品牌方可以通过数据分析工具，监测平台上用户对品牌的评价、情感倾向和热点话题，及时发现潜在的危机。例如，如果某一段时间内，社交平台上出现了大量的负面评论或投诉，品牌方能够及时采取措施进行危机公关，避免品牌声誉受损。

4. 营销效果评估与 ROI 分析

社交媒体数据能够为品牌的营销活动提供详细的效果评估，通过分析用户参与度、点击率、转化率等关键指标，品牌方能够了解一次营销活动的实际效果，计算投资回报率（ROI）。例如，通过微信公众平台的数据分析，品牌方可以评估一篇推文的阅读量、分享量以及由此带来的用户增长和产品销售情况。

（三）社交媒体数据分析的挑战与机遇

虽然社交媒体数据分析带来了巨大的机遇，但同时也面临着诸多挑战，品牌方需要灵活应对，才能充分利用社交数据带来的价值。

1. 挑战

社交媒体平台每天都会产生庞大的数据量，如何从这些海量数据中筛选出有用的信息是数据分析的难点。社交媒体上存在大量的噪声信息，例如无效的评论、重复的内容或机器人账号生成的虚假数据，品牌方在进行数据分析时，需要具备识别噪声并提取有价值数据的能力。

社交媒体上的数据往往是非结构化的，如用户生成的文本、图片和视频。传统的数据分析工具难以处理这类数据，品牌方需要借助更复杂的自然语言处理（NLP）、图像识别和情感分析工具来从中提取有用信息。

随着用户对数据隐私保护意识的增强，平台上的数据获取变得更加复杂。品牌方需要确保数据收集和分析的合规性，避免侵犯用户隐私。

2. 机遇

通过对社交媒体数据的深度分析，品牌方能够更好地理解用户的需求和行为，以提供个性化的营销体验。例如，数据分析能够帮助品牌发现潜在的高价值客户，并根据他们的兴趣和行为进行精准推送，提升用户体验。社交媒体的实时性让品牌能够快速获取市场反馈，及时调整策略。例如，品牌方可以通过分析社交平台上的讨论，敏锐捕捉到新兴趋势和热点话题，从而迅速调整内容创作方向或产品设计，以保持竞争优势。

社交媒体数据分析能够帮助品牌在全球市场上了解不同地区用户的偏好和行为差异，帮助品牌在拓展新市场时制定更加本地化和精准的营销策略。

二、主要社交平台的核心指标

每个社交平台都有其独特的用户行为和核心数据指标。品牌方需要根据不同平台的特点和指标，进行有针对性的数据分析，优化社交媒体营销策略。

（一）微博数据指标

1. 粉丝数

粉丝数反映了品牌的影响力和潜在的传播能力。粉丝数量越多，品牌发布的内容能够触及的受众范围就越大。通过分析粉丝的增长趋势，品牌方可以了解自己的社交媒体影响力是否在扩展。同时，品牌方还需要关注粉丝的质量，例如活跃粉丝的比例、核心粉丝的互动情况等，以衡量粉丝群体的真实价值。

2. 转发数

转发数反映了内容的二次传播能力。当用户转发内容时，该内容会出现在其粉丝的页面上，从而扩大了传播范围。一个高转发量的内容往往意味着内容本身具有话题性、娱乐性或实用性，能够引起用户的共鸣或好奇心。品牌方可以通过分析转发数来判断内容的病毒性和传播效果。

3. 评论数

评论数反映了用户对品牌内容的参与度。通过分析评论内容，品牌方能够深入了解用户对产品、服务或活动的真实看法。评论数的增加也表明该内容触发了用户的情感或观点，品牌方可以利用这些评论进行内容优化，及时回应用户关切，提升互动体验。

4. 话题热度

微博的"话题"功能是品牌借助平台进行传播的重要工具。话题热度反映了用户对某一特定话题的关注程度。品牌方可以通过发起话题或参与热门话题，提升品牌的曝光度和参与度。话题热度可以通过讨论次数、阅读量等维度进行评估。一个成功的话题活动，往往能够引发大量用户的自发参与和讨论，从而形成品牌的社交影响力。

（二）微信数据指标

1. 公众号阅读量

公众号的阅读量是衡量品牌内容受欢迎程度的基础指标。高阅读量表明内容对用户有吸引力，能够引起用户的兴趣和关注。品牌方可以通过分析不同内容的阅读量，了解用户的偏好和需求，从而优化内容策略。

2. 分享数

分享数反映了用户对内容的认可度和传播意愿。当用户主动将内容分享到朋友圈或转发给好友时，说明该内容具有较高的价值感或情感共鸣点。品牌方可以通过提高内容的实用性、趣味性或情感共鸣，提升用户的分享意愿，扩大内容的自然传播范围。

3. 留言数

留言数是用户参与度的直接表现。通过分析用户的留言内容，品牌方能够更深入地了解用户对产品、服务的看法，发现潜在的需求或问题。留言还能够增强用户的互动感，品牌可以通过及时回复留言提升用户体验，增强用户对品牌的忠诚度。

（三）抖音数据指标

1. 播放量

播放量是衡量视频内容传播效果的基础指标。高播放量意味着该视频内容吸引了广泛的用户关注。品牌方可以通过分析不同类型视频的播放量，了解用户的喜好和偏好，从而优化视频内容策略。例如，通过对比带有娱乐性、教育性或品牌故事的视频的播放量，可以寻求最适合品牌传播的内容形式。

2. 点赞数

点赞数反映了用户对视频内容的认可和喜爱程度。点赞数高的视频往往内容质量较高且具有趣味性，能够引发用户的正面情感。品牌方可以通过分析点赞数较高的视频，提取出成功内容的共性，以此为基础调整未来的创作方向。

3. 评论数

评论数同样是衡量用户互动程度的重要指标。通过评论，用户可以表达对内容的看法和情感，品牌方可以从中获取用户的即时反馈。品牌方需要关注评论中是否存在与产品或品牌相关的讨论，并及时参与回复，增强用户的互动体验。

4.分享数

分享数反映了视频的社交传播力。用户将视频分享至其他平台或发送给朋友,表明该内容对用户有一定的价值。品牌方可以通过分析高分享量的视频,了解哪些内容更容易引发社交传播,并在后续内容创作中加以优化。

三、社交媒体互动数据分析

互动数据分析是社交媒体数据分析的重要组成部分,它帮助品牌评估用户参与度和内容传播效果,以进一步优化社交媒体策略。通过分析粉丝增长、内容互动、用户参与以及话题传播等关键指标,品牌方可以更好地理解社交媒体营销的效果,确保资源得到有效利用。

(一)粉丝增长率分析

粉丝增长率是衡量社交媒体账户在一定时间内吸引新关注者的能力。它反映了品牌在特定阶段的吸引力,能够帮助品牌评估其营销活动的成效。

粉丝增长率可以通过以下公式计算:

$$粉丝增长率 = \frac{期间新增粉丝数}{初始粉丝数} \times 100\%$$

例如,品牌在一个月内新增了1000名粉丝,初始粉丝数为5000,那么该月的粉丝增长率为:1000÷500×100% = 20%。

通过分析粉丝增长率,品牌方可以评估不同内容、活动或广告策略对用户增长的影响。如果粉丝增长率在某个特定时期显著上升,说明该时期的活动或内容吸引力较强。品牌方可以借此优化未来的内容发布策略和广告投放方式。同时,粉丝增长率可以与其他指标结合分析,例如,结合内容互动率,可以评估新粉丝的参与度和忠诚度是否同步提升。粉丝增长率高但互动率下降,可能意味着吸引来的用户未必是忠实用户,品牌方需要重新审视吸粉策略。

(二)内容互动率计算与分析

内容互动率是指用户对特定内容的参与度,通常通过点赞、评论、分享等行为衡量。它是衡量内容受欢迎程度的关键指标。

内容互动率通常可以通过以下公式计算:

$$互动率 = \frac{点赞数 + 评论数 + 分享数}{粉丝总数} \times 100\%$$

例如,一篇微博文章收到了500个点赞、200条评论和100次转发,总计800次互动,品牌的粉丝数为10000,则该内容的互动率为:(500+200+100)÷10000×100% = 8%。

通过计算内容互动率，品牌方能够评估哪些类型的内容能够引发更多的用户互动。如果某些内容的互动率高于平均水平，说明该内容更具吸引力和传播潜力，品牌可以在未来多发布类似的内容。品牌方还可以通过内容互动率发现用户的兴趣偏好。例如，如果短视频的互动率高于长图文内容，品牌方可以增加短视频的发布频率。此外，内容互动率分析还能帮助品牌方发现互动较少的用户群体，进一步提高他们的参与度。

（三）用户参与度评估

用户参与度是衡量用户在社交媒体平台上的整体活跃度和互动频率的综合指标，它反映了品牌与用户之间的互动关系。

用户参与度可以通过以下公式进行综合计算：

$$用户参与度 = \frac{互动总数}{粉丝总数} \times 100\%$$

互动总数包括点赞、评论、分享、点击等所有用户行为。例如，一个品牌有10000名粉丝，总互动数为1500次，用户参与度为：$1500 \div 10000 \times 100\% = 15\%$。

通过用户参与度分析，品牌方可以评估社交媒体整体活跃性。参与度越高，说明用户对品牌的兴趣越大，也表明品牌的内容能够有效吸引并激发用户互动。参与度分析可以帮助品牌发现用户行为模式。例如，不同时间段发布的内容可能吸引不同的用户群体互动，品牌方可以通过调整发布时间，提高用户的参与率。

（四）话题传播效果

衡量话题传播效果的核心在于阅读量、参与量、转发与评论数，以及用户生成内容（UGC）的数量。话题的阅读量反映了其潜在影响力，而参与量则揭示了该话题是否真正引发了用户的互动。如果一个话题的阅读量较高，但参与量却很低，品牌方可能需要重新评估话题的设计，增强其吸引力和互动性。此外，用户生成内容的贡献量直接体现了用户的创作热情，品牌方可以通过激励用户创作，进一步扩大话题的影响力和传播范围。

四、社交媒体舆情分析

社交媒体的开放性和互动特性，使品牌形象与声誉始终处于公众的评价与讨论之中，因此，及时监测和分析公众的情感与反馈，对于品牌保持良好的市场形象至关重要。

舆情监测主要依靠关键词监控、情感分析和热点话题跟踪等技术，通过收集社交平台上与品牌相关的讨论和评价，品牌可以实时掌握公众对其产品和服务的态度。例如，品牌方可以设置与产品、公司名或竞品相关的关键词，自动追踪平台上的讨论内容。当出现大规模的负面讨论时，品牌方可以通过舆情监测工具快速发现并采取应对措施。

热点话题的监测也十分重要,品牌方通过追踪行业内的热门话题,可以及时调整其内容策略,参与并引导讨论,从而抢占市场机会。

常用的舆情监测工具,如百度舆情监测系统、Brandwatch 和 Talkwalker,能够自动地收集、整理和分析社交平台上的信息,帮助品牌深入了解市场反馈和用户情感。这些工具不仅能帮助品牌识别潜在的危机,还能帮助品牌预测可能的市场动向和舆论变化。

情感分析技术是舆情分析中的重要组成部分。情感分析通过自然语言处理(NLP)技术,自动识别和分类社交媒体评论中的情感倾向,帮助品牌准确了解用户的情绪反应。情感分析将用户的评论分为正面、负面和中性三类,品牌方可以通过这些数据了解用户对其产品的满意度或不满情绪。例如,当品牌方推出一款新产品时,情感分析可以帮助品牌了解用户对产品功能的赞美点和抱怨点,从而快速做出调整与优化。

在热点话题识别与趋势预测中,舆情分析同样发挥着重要作用。品牌方通过监测社交媒体上不断升温的关键词和讨论,能够识别出可能成为未来趋势的内容。例如,某个技术创新或新的消费需求突然成为讨论的热点,品牌方可以提前调整其产品开发和营销策略,以抢占市场先机。趋势预测不仅可以帮助品牌保持市场敏锐度,还能增强品牌在行业中的领导力。

在社交媒体的危机事件处理中,品牌方的反应速度和应对策略至关重要。由于社交媒体的快速传播特性,危机事件可能在短时间内迅速发酵,对品牌形象造成巨大影响。因此,品牌方需要通过舆情监测工具及时识别潜在的负面言论。一旦出现负面情绪集中的情况,品牌方必须快速反应,采取透明化的沟通策略,避免因信息真空或模糊态度引发的舆论升级。品牌方可以通过发布官方声明,解释事件真相并提出改进措施来平息事态,同时也可以通过正面的引导,推出新的福利或活动,吸引用户关注,逐渐消除负面影响。

▪ 课内拓展

社群会员推广

社群规模裂变

社群变现

课中·练

口碑营销策划

为了快速、低成本地宣传助农水果店铺,助农小组计划采用口碑营销的方式,利用社交平台策划一场口碑营销活动,让忠实的消费者转化为助农水果店口碑的传播者,在亲朋好友间形成口碑传播效应。通过口碑营销加深消费者对助农水果店铺的印象。

口碑营销非常重要的三点是产品定位、传播因子和传播渠道。产品定位要树立产品在市场上的形象,一般要塑造个性鲜明的产品形象;传播因子是口碑营销中的引爆点,具有很强的持续性和故事性,要能够吸引消费者的持续关注,并容易扩散;传播渠道由产品目标客户群特征决定,包括传统媒体和网络媒体。

任务要求:

(1)4—6人为一组,分组完成规定的任务。

(2)根据店铺产品分析卖点,策划口碑营销的引爆点。

(3)选择口碑营销的渠道。

(4)挖掘口碑的传播者。

(5)监控舆论导向。

任务实施:

(1)确定组长与副组长,组长负责分工,副组长负责记录。

(2)根据任务描述分析助农水果店的核心卖点,策划口碑营销的引爆点,填入下表。

表 4.11　助农水果店铺引爆点

项目	内容
品牌定位	
产品特征	
引爆点	
传播信息	
传播形式	

(3)分析各个传播渠道的优缺点,结合引爆点和传播信息的设置,选择口碑营销的渠道,完成下表。

表 4.12 传播渠道分析

传播渠道分类	传播渠道	优点	缺点
传统传播渠道	电视		
	广播		
	……		
新媒体传播渠道	微信		
	微博		
	短视频		
	……		

（4）分析助农水果店铺的客户特征，挖掘忠诚客户，使其成为传播者，完成下表。

表 4.13 忠诚客户分析

序号	客户名称	客户来源	客户特征	消费频次

（5）实时监控口碑传播的效果以及舆论导向，完成下表。

表 4.14 效果及舆论导向监控

时间	监控指标	监控数据	舆论方向（正/负）	应对措施

成果提交与评议：

（1）各小组组长在规定时间内提交结果，并进行展示。

（2）在展示过程中，认真听取老师的评价与分析，并由副组长在任务单中做好记录。

表 4.15　任务单

任务名称		小组名称	
日期		时间	
组长		副组长	
其他成员			
任务讨论及说明			
方案实施过程			
存在的问题以及解决方案			
结果展示及说明			
评分			
反思与总结			
优点		缺点	

课后·测

一、填空题

1. 社交媒体营销是品牌通过社交平台进行_____等活动的营销策略。

2. 社群可以是_____等各种形式,品牌通过社区运营来建立与用户的深度连接。

3. 粉丝增长率是衡量社交媒体账户在_____的能力。它反映了品牌在特定阶段的吸引力,能够帮助品牌评估其营销活动的成效。

4. 社交媒体营销的_____是其区别于传统广告营销的两个重要特征。

5. 社交倾听是一种通过监测和分析社交媒体上的_____等信息,洞察用户需求、品牌表现和市场动向的策略。

二、多选题

1. 社交媒体营销的基本原则包括(　　)。

   A. 真实性　　　B. 透明性　　　C. 互动性　　　D. 以用户为中心

2. 社交媒体互动策略包括(　　)。

   A. 对话式营销　　B. 社交媒体活动策略　　C. 社交影响力营销

3. 社交媒体数据是基于用户在不同平台上的行为、互动和内容生成所积累的庞大数据集合,具有以下几个显著的独特性(　　)。

   A. 实时性与即时性　　　　B. 多样性与非结构化数据

   C. 互动性与社会关系网络　　D. 实现品牌曝光

4. 微博数据指标有(　　)。

   A. 粉丝数　　　B. 转发数　　　C. 评论数　　　D. 话题热度

5. 数据分析在社交媒体营销中的作用是(　　)。

   A. 用户画像与行为分析　　B. 内容优化与精准投放

   C. 舆情监测与危机管理　　D. 营销效果评估与 ROI 分析

6. 社区运营的关键指标包含(　　)。

   A. 用户活跃度　　　　　　B. 留存率

   C. 社群互动频率　　　　　D. 用户关系维护

项目五

短视频与直播营销

教学目标

知识目标：
1. 了解短视频的定义和特点
2. 理解直播营销的特点与形式
3. 掌握短视频＋直播的整合策略

技能目标：
1. 能够根据企业目标与要求，撰写短视频策划方案
2. 能够结合企业产品特征，撰写产品直播方案
3. 能够熟练利用拍摄器材完成短视频拍摄
4. 能够对直播间进行布置，并完成直播

素养目标：
1. 具备创新思维，能够在短视频内容策划与设计阶段提出创新的选题和构思
2. 具备正确的价值观，能够创作积极向上的短视频内容
3. 具备法律意识，能够规避短视频投放、直播过程中的风险

项目引导

2023年全国农村网络零售额达2.3万亿元，其中生鲜农产品网络零售额同比增长12.8%。在贵州遵义的猕猴桃基地，大学生团队通过抖音直播，让"修文猕猴桃"在48小时内热销20万斤；四川蒲江的柑橘园里，返乡创业的

毕业生用"水果盲盒+剧情短视频"模式,让丑柑销量三年增长 300%。这些数据背后,是 Z 世代用创意打通"最后一公里"的鲜活案例——一部手机能当"新农具",一场直播可成"新粮仓"。

看到这些鲜活的例子,助农小组也计划通过短视频与直播营销来进一步扩大水果的销售。

思维导图

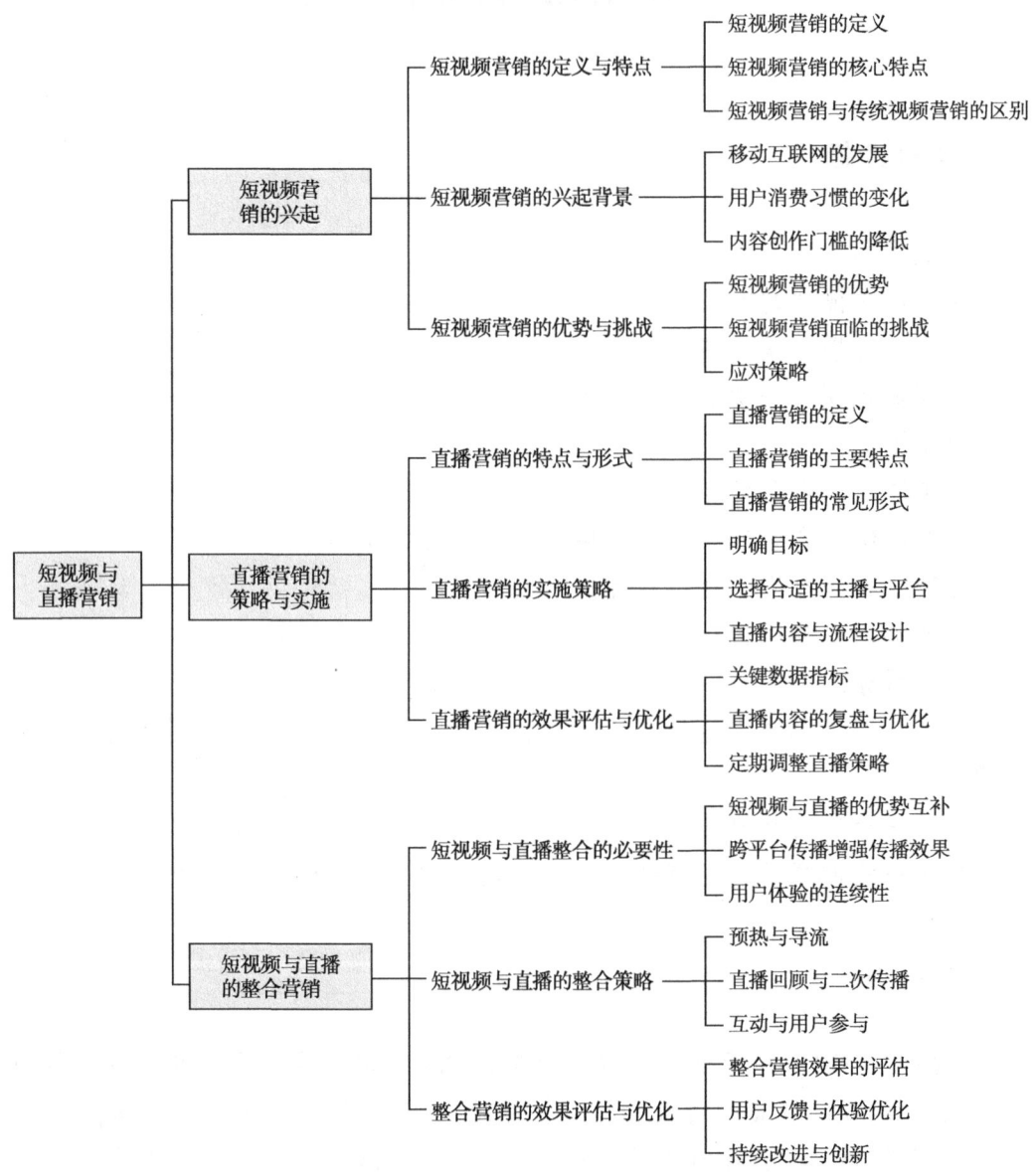

项目五　短视频与直播营销

课前·思

1.短视频营销平台都有哪些？各自的特点是什么？
_____
_____
_____

2.主流的直播营销平台有哪些？不同类型的直播平台的特点是什么？
_____
_____
_____

课中·学

任务一　短视频营销的兴起

一、短视频营销的定义与特点

了解短视频运营

（一）短视频营销的定义

短视频是一种时长较短、内容紧凑的视频形式，通常时长在几秒到几分钟之间。近年来，随着移动互联网的发展和用户注意力的碎片化，短视频逐渐成为一种广泛流行的内容形式。短视频不仅因其轻松、快速、娱乐性强的特点受到用户青睐，同时也被各类品牌视为重要的营销工具。

短视频营销是指通过创作和传播短视频内容来实现品牌推广的营销方式。品牌方通过短视频内容吸引用户注意力，传递品牌理念，甚至直接引导用户购买。抖音、快手等短视频平台的兴起，使得短视频营销成为现代数字营销中的一大热点。相比传统的广告形式，短视频营销以其高效的传播能力和强大的用户互动性成为品牌曝光、产品推广和用户转化的重要手段。

在短视频营销中，内容创作的核心是创意和娱乐。通过短时间内传递令人难忘的信息，品牌能够吸引用户并激发他们的兴趣。由于短视频的内容通常更加轻松有趣且符合移动端用户的消费习惯，能够迅速在用户间传播，形成病毒式的扩散效应。与传统视频相比，短视频营销能够快速覆盖大量用户，并通过用户之间的自发传播，进一步提升品牌知名度。

（二）短视频营销的核心特点

1. 信息密度高

短视频的时长通常非常有限，通常在几秒到几分钟之间。为了在短时间内吸引用户并传递有效信息，短视频必须做到内容紧凑、直击要点。这意味着品牌方在制作短视频时，需要通过高信息密度的内容展示品牌核心价值。例如，许多品牌在短视频中通过视觉冲击和简明的文案快速传递产品的独特卖点。这种高度浓缩的内容形式非常适合现代用户的碎片化时间消费习惯，使得用户可以在几秒钟内了解关键信息。

2. 易于传播

短视频的娱乐性和创意性使其非常适合在社交媒体上自发分享和传播。由于短视频通常具有轻松、幽默或令人惊讶的元素，用户不仅愿意观看，还乐于将这些视频分享到自己的社交圈。这种病毒式传播大大扩大了视频的曝光范围，帮助品牌以低成本甚至零成本获得更佳的传播效果。例如，抖音平台上的品牌挑战赛或热点模仿内容，往往通过用户的广泛参与而迅速传播，从而带动品牌的社交影响力和话题热度。

3. 互动性强

短视频平台通常为用户提供多种互动方式，如点赞、评论、转发等，甚至通过平台上的挑战活动、游戏互动等进一步增强用户的参与感。用户可以轻松通过这些互动功能表达对内容的喜爱、发表看法或将内容推荐给朋友。互动的过程不仅加深了用户对视频内容的印象，还增强了用户与品牌之间的情感连接。例如，一条创意十足的短视频广告如果能够引发大量用户的点赞和评论，其传播效果不仅限于用户自己的观看，还能够通过社交互动带来更高的品牌曝光率。

（三）短视频营销与传统视频营销的区别

短视频营销与传统的视频营销存在显著区别，主要体现在传播模式、内容设计和用户消费行为上。

首先，短视频的最大特点是瞬时的用户吸引力。由于短视频时长有限，用户的注意力集中在最初的几秒钟内，因此品牌方必须在极短的时间内通过创意和视觉冲击力吸引用户。这与传统长视频广告不同，后者通常有更多时间铺设故事情节，逐步引导用户进入情境。短视频则更注重"快速吸引—迅速传递信息—引导行动"的过程。这使得短视频在面对用户注意力稀缺的环境中具有更强的竞争力。

其次，短视频非常适合用户的碎片化时间消费。用户通常在等车、休息等碎片时间里使用手机观看短视频，而传统长视频则需要用户有更长的专注时间才能完整观看。短视频的观看门槛较低，用户可以轻松在几秒钟内完成一次完整的观看体验，因此其覆盖面更广，尤其是在移动场景下，短视频能够迅速获得更高的观看量。

最后，短视频营销具有病毒式传播的特点。与传统视频营销主要依赖于品牌的广告投放不同，短视频营销依靠用户的分享和社交互动，使内容迅速扩散。社交平台上的短视频不仅仅是信息传播的工具，更是用户参与、互动和创作的载体。用户生成内容（UGC）在短视频平台中尤为重要，许多品牌通过发起视频挑战赛或创意比赛，激发用户创造与品牌相关的视频内容，从而进一步扩大品牌的影响力。

二、短视频营销的兴起背景

（一）移动互联网的发展

移动互联网的快速发展为短视频营销的兴起奠定了坚实的基础。智能手机的普及和高速移动网络的推广，使得用户可以随时随地访问互联网，特别是利用移动设备进行视频消费成为日常。用户不再需要依赖电视或电脑等固定设备，视频消费的场景更加灵活和随意。

随着 4G 和 5G 网络的普及，移动视频加载速度大幅提升，用户可以在无延迟的情况下流畅观看短视频，极大地提升了观看体验感。这种快速、无障碍的观看模式，不仅使用户更容易接受短视频，也为品牌提供了一个高效的传播渠道。在 5G 时代，视频内容的加载速度几乎可以忽略不计，这进一步推动了用户对短视频的需求和偏好，品牌也因此能够更轻松地触达目标受众。

短视频的时长通常较短，非常适合用户在等车、休息等零碎时间中快速获取信息或娱乐内容。正是这种消费习惯的改变，促使品牌开始以短视频的方式吸引用户注意力。在此背景下，短视频成为移动互联网时代最为高效的营销手段之一，品牌能够通过这种简洁且传播力强的内容形式迅速实现大范围曝光。

（二）用户消费习惯的变化

用户消费习惯的变化是推动短视频兴起的另一个关键因素。现代用户，尤其是年轻用户，越来越偏好轻量级内容消费，倾向于在短时间内获取高信息量的内容。相比长视频，短视频能够快速传递核心信息，同时保持娱

短视频用户运营

乐性和创意性，迎合了快节奏生活中的用户需求。

在当今的数字化环境中，尤其是Z世代和千禧一代的用户，更喜欢通过视频内容获取资讯、娱乐和品牌信息。这些年轻用户已经习惯了用短视频平台（如抖音、快手等）来消费信息和娱乐内容，短视频平台成为他们日常使用的主流内容消费场景。这种用户习惯的变化，促使品牌不得不跟随趋势，转向短视频营销，以便在这些重要的消费群体中获得更高的影响力。短视频的高信息密度和互动性更好地满足了现代用户对内容的要求。在快节奏的生活环境中，用户不愿意花费大量时间去深入阅读或观看长篇内容，短视频这种简短、有趣、信息集中的形式能够在几秒钟内吸引用户注意，并提供他们所需的信息。这种快速获取内容的体验，极大地提高了用户的参与意愿，也让短视频营销成为品牌获取关注、促进互动的有效方式。

（三）内容创作门槛的降低

内容创作门槛的降低也为短视频营销的普及和发展提供了助力。随着短视频制作工具的普及和操作门槛的降低，普通用户不再需要专业的技术或设备即可制作高质量的短视频内容，这为用户生成内容（UGC）打开了大门。UGC内容形式的兴起，使得品牌营销的内容源不再仅依赖于专业创作者或营销团队，用户本身也成为了内容的创作者和传播者。

抖音、快手等短视频平台为用户提供了简单直观的视频编辑工具，使得任何人都可以轻松拍摄、剪辑并发布短视频。例如，抖音内置的剪辑功能提供了丰富的滤镜、音乐和特效，创作者无需掌握复杂的剪辑技术就可以制作出有吸引力的创意视频。这大大降低了视频创作的技术门槛，使得更多的普通用户能够参与其中。

这不仅带动了大量UGC内容的涌现，也让品牌可以利用用户生成的内容进行传播和互动。用户的参与感和创造力得以发挥，形成了品牌与用户之间的双向互动。例如，许多品牌方通过发起短视频挑战赛，鼓励用户根据品牌的主题拍摄和上传视频，通过这种方式实现病毒式传播。这种"人人皆可创作"的内容生态不仅增加了品牌内容的多样性和真实性，也使得品牌的传播范围和影响力得到了极大的扩展。

三、短视频营销的优势与挑战

（一）短视频营销的优势

1. 高传播性

短视频流量运营

短视频营销的一个显著优势在于其高传播性，尤其是借助病毒式传播效应，品牌能够在短时间内覆盖大量用户。短视频的内容创意通常具备娱乐性、趣味性或情感共鸣，用户更容易被吸引并自发地将内容分享至社交媒体平台，形成广泛的二次传播。例如，品牌方可以发起挑战活动或设置带有互动性质的任务，鼓励用户参与并分享相关内容。通过这种用户生成内容（UGC）的传播，品牌的信息能够在短时间内通过网络扩散，获得更大的品牌曝光度。

2. 成本较低

相比于传统广告形式，短视频的制作和传播成本相对较低，尤其适合预算有限的中小企业和初创品牌。传统的电视广告制作往往需要高额的投入，包括拍摄设备、场地、演员费用等。而短视频的制作则相对简单，创意可以借助手机拍摄、简单的剪辑软件以及平台提供的内置工具完成。这种低成本的创作方式使得短视频营销更加灵活，也让企业能够以较小的投入换取较大的市场影响力。此外，短视频平台上的广告投放机制也相对灵活，品牌方可以根据目标受众精准定向投放，从而提高广告的转化效率，减少广告预算浪费。

3. 用户参与度高

相比于传统的广告形式，短视频能够更好地调动用户的参与感，促使他们与品牌建立更紧密的联系。通过这种双向互动，品牌能够迅速获得用户的反馈，了解用户对产品或内容的反应，并根据用户的评论和建议及时调整营销策略。同时，用户在参与互动的过程中，也会逐渐对品牌产生更强的黏性和归属感，从而促进品牌忠诚度的提升。

（二）短视频营销面临的挑战

1. 内容同质化严重

随着短视频平台的快速崛起，品牌纷纷涌入这一领域，导致内容同质化现象日益严重。越来越多的品牌创作形式和风格相似的内容，使得用户的观看体验逐渐疲劳。许多短视频在创意上雷同，导致品牌难以在竞争激烈的信息流中脱颖而出。为了持续保持用户的兴趣，品牌方需要不断推陈出新，设计富有创意且能够与用户产生情感共鸣的内容。如何持续保持创新性，避免内容陷入"千篇一律"的困境，成为品牌短视频营销中的一个重要挑战。

2. 用户注意力稀缺

现代社交媒体的内容繁多，用户的注意力越来越稀缺。在短视频信息流中，用户面对大量的视频内容，通常只有几秒钟的时间来决定是否继续观看某条视频。品牌需要在极短的时间内迅速抓住用户的眼球，否则很容易被用户忽略或滑过。由于注意力的稀缺性，短视频内容不仅要在视觉效果上吸引用户，还要在前几秒内传递明确的品牌信息和价值主张，以确保用户能够感受到视频的亮点并继续观看。

（三）应对策略

1. 融入创意与故事性

为了应对内容同质化的问题，品牌方需要通过精心设计内容，融

短视频商业变现

入更多的创意与故事性。与其仅仅依赖于产品展示或功能介绍，品牌方可以通过情感驱动的叙事方式，打造与用户产生共鸣的短视频内容。例如，通过讲述产品背后的故事、展示用户的真实生活场景，品牌方可以使内容更加贴近用户的生活，激发用户的情感共鸣。同时，品牌方还可以尝试与热点话题或文化趋势相结合，创作能够引发用户讨论和参与的内容，进一步提升内容的独特性和传播力。

2.结合热点与流行文化

短视频平台具有高度的时效性，品牌方可以通过结合热点事件、流行文化等因素，实时更新其营销内容，增强用户的关注度。例如，当某个热点事件或流行趋势成为社交媒体的讨论焦点时，品牌方可以迅速围绕该话题创作相关内容，借助热点事件的传播效应增加内容的曝光率。与此同时，品牌方还可以通过分析平台上流行的视频风格或创作手法，适时调整自己的内容策略，使其更贴合当前的用户审美与兴趣偏好。这样的策略不仅能够增强内容的时效性，还能够提升品牌在用户心中的相关性。

3.通过数据驱动内容优化

在短视频营销中，品牌方可以依托平台提供的数据分析工具实时监测视频的观看量、点赞数、评论数、转发数等指标，通过这些数据的反馈，品牌方可以了解用户对视频的真实反应，并据此进行内容优化。例如，品牌方可以针对观看量较高的视频分析其成功之处，并在未来的视频创作中融入相似的元素；对于互动率较低的内容，则可以通过调整视频的时长、封面、标题等要素，优化用户的观看体验。通过数据驱动内容优化，品牌方可以更加精准地迎合用户的需求和喜好，从而提高视频的传播效果和营销效果。

课内拓展

短视频拍摄五大要素

常用短视频编辑软件

从拍摄到剪辑的一般流程

短视频营销前期准备

短视频的发布与分享

> 课中·练

短视频的策划与设计

助农小组结合主营生鲜水果产品将短视频账号定名为"三农",结合小组近期推广目的,助力店铺开拓新市场,迅速建立产品知名度和美誉度,大家准备开始进行短视频的策划与设计。

任务要求:

(1)4—6人为一组,分组完成规定的任务。

(2)视频要突出产品特色,高清制作,时长为60秒左右。

任务实施:

(1)确定组长与副组长,组长负责分工,副组长负责记录。

(2)短视频内容策划:根据任务描述完成短视频内容的选题,以及相关前期准备工作。

表5.1 短视频内容策划方案

项目	内容
推广目的	
目标用户	
选题创意	
内容概述	
表现风格	
预发布平台	

(3)短视频内容设计:根据短视频内容策划方案,撰写短视频内容大纲,内容要符合品牌形象,突出产品卖点,有效引导转化。

表 5.2 短视频内容设计

设计要素	内容
短视频内容	
短视频封面	
短视频标签	
短视频简介	
投放时间	

（4）短视频脚本撰写：撰写分镜头脚本，要求脚本分镜合理、结构完整、情节饱满，能够体现产品特性。

表 5.3 短视频分镜头脚本

镜头	拍摄方法	时间	画面	解说	音乐	备注
1						
2						
3						
4						
5						
6						
……						

（5）短视频拍摄：根据分镜头脚本，选择合适的拍摄现场完成短视频拍摄。

（6）短视频制作：在完成实际拍摄工作后，选择合适的剪辑软件制作短视频。

成果提交与评议：

（1）各小组组长在规定时间内提交结果，并进行展示。

（2）在展示过程中，认真听取老师的评价与分析，并由副组长在任务单中做好记录。

表 5.4　任务单

任务名称		小组名称	
日期		时间	
组长		副组长	
其他成员			
任务讨论及说明			
方案实施过程			
存在的问题以及解决方案			
结果展示及说明			
评分			
反思与总结			
优点		缺点	

课中·学

任务二 直播营销的策略与实施

一、直播营销的特点与形式

（一）直播营销的定义

直播营销是通过实时视频流的形式，结合互动、演示、答疑等元素，将产品、服务或品牌推介给观众，旨在通过即时性和透明度提升用户参与感和信任感，最终带动销售。与传统的营销方式不同，直播营销通过视频直播平台（如淘宝直播、抖音、快手等），实时展示产品特点并解答观众疑问，从而缩短用户的决策时间，提升转化率。

在直播营销中，主播通常起到关键作用。主播通过亲自讲解、展示和推荐产品，吸引观众的兴趣。同时，直播过程中观众可以通过弹幕、评论或"打赏"等形式实时与主播互动，主播则根据观众反馈即时调整内容方向。这种双向互动的营销形式不仅能让用户获得更多的信息，也拉近了品牌与用户之间的距离。

直播营销最常见的形式包括产品推广型直播、娱乐互动型直播和节日促销型直播。这些直播形式各有侧重，但都旨在通过实时的展示与互动，提升用户的购物体验和品牌认知度。

（二）直播营销的主要特点

直播营销的一个显著优势是实时互动性。相比传统广告或视频营销，直播营销为品牌与用户之间提供了即时沟通的桥梁。在直播过程中，观众可以通过评论区、弹幕等方式，随时向主播提出与产品相关的问题，主播则能即时回复或根据观众反馈进行相应的产品演示或介绍。这种实时互动不仅让用户感到被重视，还能及时解决他们的疑问，增强购买信心。

直播的互动性也为用户提供了更多参与感和代入感。品牌方可以通过互动环节如抽奖、限时抢购、投票等形式，进一步调动观众的积极性，鼓励他们留在直播间并参与到产品购买的环节中。实时互动也能够为品牌收集用户的真实反馈，帮助品牌在后续的产品营销中做出更具针对性的调整。

直播营销的另一个重要特点是信任感强。在传统的广告模式中，用户通常只能看到经过精心编辑和设计的内容，很难判断产品的真实性。然而，直播由于其实时的特性，用户可以看到产品的即时展示与效果，减少了中间的修饰和夸大，因而更加可信。在直播过程中，主播会通过产品的现场演示展示其使用方法、特点以及真实效果。例如，在美妆类直播中，主播往往会在镜头前直接使用产品，让观众看到实际的使用效果和差异。这种透明化的展示消除了用户对广告虚假宣传的顾虑，增强了他们的信任感，从而提高了购买的意愿和转化率。

直播营销与电商平台的结合，使得其带货能力极为强大。相比于其他形式的内容营销，直播营销直接缩短了用户的决策链条。在直播中，主播会通过详细的产品讲解和实际使用效果的展示，引导用户点击直播间的购买链接，完成购买过程。直播中常见的限时抢购、秒杀活动等促销手段也进一步加速了用户的决策过程。

这种即时性的购买链接和优惠策略，能够有效缩短用户的犹豫时间，提升冲动消费的比例。此外，直播营销中还经常会有特定的折扣优惠或赠品，这些都是吸引用户立即下单的重要因素。通过直播带货，品牌不仅能够迅速提升销售额，还能让用户享受到更为直接和个性化的购买体验。

（三）直播营销的常见形式

1. 产品推广型直播

产品推广型直播是最为常见的直播营销形式之一，品牌或商家通过主播对产品进行详细的讲解和展示，向观众推介产品的功能、优势及使用场景。在这种直播形式中，主播往往扮演"产品专家"或"意见领袖"的角色，通过权威解说和使用体验，帮助用户更好地理解产品的特点和优势。

常见直播平台类型分析

这种直播形式特别适合那些功能复杂或需要展示使用效果的产品，例如家电、电子产品、美妆护肤品等。通过主播的讲解和演示，观众能够更直观地了解产品的实际性能、效果以及使用体验。例如，家电品牌可以通过直播展示某款洗衣机的工作过程，详细介绍其功能设置和特点，并通过实时演示产品的实际效果让观众感受到产品的价值。

产品推广型直播通常与促销活动紧密结合，主播会在展示产品时引导观众通过直播间专属的链接下单购买，并利用限时优惠、赠品等策略，提升观众的购买欲望。这种直接的展示与推介方式极大地缩短了用户的购买决策链条，提升了直播间的销售转化率。

2. 互动娱乐型直播

互动娱乐型直播更多地以娱乐和互动为主，通过轻松愉快的形式吸引观众的注意力，在娱乐的氛围中间接推广品牌或产品。这类直播形式通常注重内容的趣味性和用户的参与度，常见的方式包括游戏直播、问答互动、才艺展示等。

在互动娱乐型直播中，主播往往会设计各种趣味游戏或问答环节，邀请观众参与互动。例如，主播可以发起一场直播抽奖活动，让观众通过在评论区留言或参与游戏的方式获得抽奖机会。品牌方也可以通过这类直播让用户在娱乐过程中自然接触到产品或品牌信息，进而提升品牌的曝光度和用户的好感度。

这种直播形式特别适合年轻受众，他们更加注重娱乐性和互动性。品牌方通过这种轻松的方式传递产品信息，避免了过于直接的硬性推销方式，反而能更好地引导用户自发关注和购买。

3.节日促销型直播

节日促销型直播通常结合重大节假日或品牌促销活动，在直播中通过折扣、限时优惠、专属福利等手段，推动用户的购买决策。例如，双十一、双十二等购物节期间，许多品牌都会通过直播形式进行促销，推出限量抢购、专属折扣等吸引用户下单。

这种直播形式借助节日气氛和消费热情，通常能够带来高峰期的销售增长。主播会在直播中通过详细解说产品促销细节，并通过倒计时、限量抢购等方式制造紧迫感，激发观众的购物欲望。用户在观看直播时，不仅可以享受即时解答与互动，还能够通过限时优惠感受到独家福利，从而加速下单。

节日促销型直播的典型代表是双十一购物节期间的直播带货活动，主播通过各种折扣和优惠福利，吸引大量用户涌入直播间，形成一波又一波的购物狂潮。这种直播形式在节日消费旺季尤为有效，能够迅速提升品牌的销售额和市场影响力。

二、直播营销的实施策略

（一）明确目标

在进行直播营销之前，明确目标是关键的第一步。直播的目标决定了直播的内容方向、互动方式以及最终的效果评估方式。不同的品牌和产品有着不同的营销需求，因此需要根据具体的目标来制定相应的策略。

1.品牌曝光与形象塑造

如果直播的目标是提升品牌曝光和进行形象塑造，直播的内容应更多围绕品牌故事、价值观、产品理念等展开。此类直播不一定追求即时销售转化，而是更注重与观众建立长期的情感联系，提升品牌在用户心中的认知度。例如，奢侈品牌或高端科技品牌通常会通过此类直播传递其品牌的独特性和行业领导地位。直播过程中可以邀请行业专家、设计师或品牌代言人进行深度访谈，让观众深入了解品牌背后的文化与理念。

2.用户互动与社区建设

如果直播的主要目标是提升用户的互动与黏性，品牌方应当着重打造具有高互动性的直播内容。通过问答、游戏、投票等互动环节，可以拉近品牌与用户的距离，增强用户的参与感。这类直播通常适用于社区型平台或具有强互动性的品牌，如游戏、娱乐类品牌。观众不仅是被动的内容接受者，更是内容创作和传播的积极参与者。通过定期的互动直播，品牌方可以培养忠实的粉丝群体，形成长期的用户社群。

3. 产品销售与转化

对于带货型直播，目标更侧重于推动即时的产品销售转化。品牌方应当围绕产品展示、功能讲解、优惠促销等内容设计直播，通过限时优惠、抢购等方式刺激用户的购买行为。这类直播中，主播的口才和推销技巧尤为关键，必须能够清晰、直接地传递产品的卖点，并在直播中引导用户点击购买链接。比如，某化妆品品牌可以通过直播现场演示产品的实际效果，并为观看直播的观众提供专属折扣，促使观众立即下单。

（二）选择合适的主播与平台

主播的影响力和个人风格直接决定了直播的效果。合适的主播不仅能够吸引目标观众，还能通过其个人影响力提升品牌的知名度和信任度。

品牌方应选择与产品定位相契合的主播。例如，科技产品的直播可以选择专业的数码测评博主，他们具备技术背景和权威性，能够提供深入的产品讲解和技术分析；而时尚类产品则适合选择风格鲜明的时尚达人或美妆博主，他们的个人风格和影响力能够吸引大量年轻用户。主播的粉丝基础和与粉丝的互动能力是关键考量因素。具有互动性的主播能够更好地带动直播间的氛围，提高用户的参与度。特别是在带货直播中，粉丝信任主播的推荐是促成销售的关键，因此粉丝黏性和互动质量尤为重要。

直播团队的岗位设置

打造高效的直播团队

不同直播平台的用户群体特征不同，品牌应根据自身目标受众的特性选择最契合的平台。

抖音用户群体年轻且注重娱乐性，适合那些希望通过创意内容吸引年轻受众的品牌。抖音直播具有强大的病毒式传播能力，尤其适合快速走红的产品或娱乐性强的营销活动。淘宝直播更注重购物转化，适合品牌带货直播。它集成了电商功能，观众可以在直播中直接购买产品，因此对于电商品牌和零售品牌尤为有效。淘宝直播用户具备较强的消费意识，品牌在选择直播营销时应以销售转化为核心目标。快手直播用户群体更下沉，适合以目标三四线城市及乡镇市场为目标客群的品牌。快手用户黏性强，适合长期的用户关系经营和社区建设。

（三）直播内容与流程设计

内容设计和流程规划是确保直播顺利进行并达到目标的核心。一场成功的直播不仅要具备内容吸引力，还要设计出高互动性环节和清晰的流程框架，确保观众能够长时间停留并参与其中。

直播内容的设计应当具有吸引力和互动性。成功的直播通常包括几个关键环节，每个环节都应吸引用户的注意力并促使他们参与互动。

直播活动的基本流程

开场是吸引观众留在直播间的关键时刻。主播应在开场几分钟内用引人注目的内容抓住观众的眼球，例如有趣的开场白、预告重磅优惠或展示令人期待的产品。开场可以设置倒计时或介绍直播中的独家福利，激发用户的期待感。直播的核心内容往往是对产品的详细展示和解说。主播应具备对产品功能、使用方法和

直播预热准备工作

优势的深刻理解，并通过清晰、生动的方式展示给观众。可以通过产品的实际使用场景演示、与其他产品的优劣点进行对比等方式来增强说服力。通过设置问答环节、抽奖或限时互动等方式，让用户参与进来。例如，品牌方可以在直播中发起投票，了解用户对某款产品的偏好，并根据反馈调整后续展示内容。此类互动不仅增强了观众的参与感，还能帮助品牌实时收集用户意见。

直播的流程设计应当清晰明确，确保每个环节有序推进，避免冗长和拖沓，保持直播节奏紧凑。典型的直播流程包括以下几个步骤：

开场与欢迎用户：主播与观众打招呼，介绍直播主题并简要预告直播中的亮点和福利，激发用户的期待。

产品展示与讲解：主播根据产品线或重点产品进行逐一展示和介绍，结合使用场景进行演示，以增强产品的说服力。该环节可以设置互动，鼓励用户提出问题，实时解答，增加信任感。

直播引流

限时优惠与促销：主播在直播中推出限时抢购、满减优惠等促销活动，营造紧迫感，激发用户的购买欲望。

用户提问与答疑：设置专门的用户提问时间，鼓励观众提出对产品的疑问，主播根据问题做出详细解答，进一步增强用户信任。

直播话术设计

总结与福利：直播接近尾声时，主播回顾直播中的重点产品，并再次提醒用户抓住最后的优惠机会。最后可以通过抽奖或赠品的方式为直播做总结，留给观众良好的观看体验。

三、直播营销的效果评估与优化

直播营销不仅仅在于一次性吸引用户关注，更在于持续提升品牌曝光、用户参与度和销售转化率。为确保直播营销的成功，品牌方需要通过数据分析和内容优化，不

断迭代其直播策略。

（一）关键数据指标

在直播营销中，评估效果的核心在于对关键数据指标的分析。观看人数是衡量直播覆盖范围的基本指标，它直接反映了直播的吸引力和推广的成功程度。高观看人数意味着品牌直播活动引起了用户的广泛兴趣，特别是如果能够吸引到大量的目标受众，直播的初期目标即基本达成。

互动数据如评论数、点赞数、分享数等则进一步反映了用户的参与度和互动性。这些指标不仅显示了用户对内容的兴趣，还能揭示直播间的活跃氛围。例如，频繁的评论和高点赞数说明直播内容引发了观众的讨论和认可，而分享数则代表用户认为直播内容有传播价值，这对品牌的二次传播具有积极意义。

购买转化率是带货型直播最核心的指标。它反映了从观看到实际购买的转化效果，是品牌衡量直播销售能力的关键。转化率高的直播通常意味着产品的介绍、展示和促销方式有效，观众在短时间内被说服并下单。结合购买转化率，还应监测停留时长，即用户平均观看直播的时间。如果观众在直播中停留时间较长，说明内容足够吸引人；反之，停留时间短则可能意味着内容设计或直播节奏需要调整。

通过对这些数据指标的综合分析，品牌可以清晰地了解直播的实际效果，尤其是用户参与度和转化率的表现。例如，如果观看人数和互动数高但转化率低，品牌应重新审视产品展示环节或优惠力度是否不足。如果停留时长短且互动数据较低，可能意味着直播内容或形式未能吸引观众，主播的表现或直播结构需进行优化。

（二）直播内容的复盘与优化

每场直播结束后，复盘是优化未来直播的重要步骤。通过复盘，品牌方能够详细分析直播中的表现，了解哪些环节成功吸引了用户，哪些部分存在改进空间。例如，如果直播中的某个产品展示环节引发了大量评论和互动，品牌可以在未来的直播中增加类似内容，而如果某个环节用户流失较多，则需深入探究原因，是内容不够吸引人，还是节奏过慢导致了用户流失。

直播复盘

通过回顾用户在直播中的提问、评论和反馈，品牌能够更好地了解用户的真实需求和兴趣。用户的提问可以帮助品牌发现产品介绍中未充分说明的细节，而评论区中的讨论则可能揭示出产品或服务的潜在痛点。品牌可以结合这些反馈，调整产品讲解方式，突出用户关注的亮点，解决他们的疑虑，从而提升直播的整体吸引力和信任度。

品牌方可以检视限时优惠、抢购活动等是否成功调动了观众的购买欲望，并根据观众的参与情况调整未来的促销策略。例如，如果观众反应热烈且销售转化明显，品牌方可以在未来直播中继续采用类似的促销形式。如果观众反应冷淡，则可能需要重新确定优惠力度或优化促销方式,以更好地激发用户的购买欲望。

(三)定期调整直播策略

直播营销的成功在于不断优化和调整策略,以保持直播效果的持续提升。品牌方应根据每次直播的数据反馈和复盘结果,灵活调整直播的内容、主播选择以及平台投放策略。例如,某场直播的用户互动和销售转化数据可能揭示了特定类型的内容或主播对观众更具吸引力,品牌方可以在未来的直播中继续强化这一优势,打造符合目标受众期待的内容。

品牌方还可以根据市场变化和观众需求,调整直播内容的形式和节奏。例如,品牌方可以定期测试不同的产品展示方式、互动活动以及促销策略,以找到最适合其目标用户的直播形式。针对不同的推广目标,品牌方还可以选择不同风格的主播,确保直播内容的呈现方式与品牌调性和目标用户群体相匹配。

不同直播平台的用户群体和行为模式不同,品牌方应定期分析各个平台的表现,确保选择最契合目标受众的平台。例如,淘宝直播可能在电商转化率上表现优异,而抖音直播则更适合品牌推广和流量吸引。通过对不同平台的表现进行分析,品牌方可以合理分配资源,确保在每个平台上都获得最佳的投入产出比。

随着多次直播的开展,品牌将逐渐形成自身独特的直播风格和用户预期。这种风格不仅体现在内容形式和节奏上,也体现在品牌与用户之间的互动方式上。通过定期直播,品牌能够与用户建立起一种习惯性的互动关系,使得用户对品牌的直播形成期待感和信赖感。这种长期积累的信任和关系将有助于品牌的忠实用户群体的形成,进而提高每场直播的稳定转化效果。

课内拓展

认识直播设备

场地规划及灯光布置

课中·练

设计单品直播营销脚本

通过分析,发现在所有的直播产品中,苹果常年销售量最高,助农小组打算将洛川苹果作为直播的重点销售对象,在直播时进行重点介绍,现在助农小组要为洛川苹

果策划单独的直播脚本。该产品的信息如下:

规格:5斤装中果8—12个;坏果包赔

口感:脆爽多汁

产地:陕西省延安市洛川县

储藏条件:冷藏

保质期:生鲜品尽快食用

花式食用方法:精致甜点苹果派,甜汤苹果山楂饮

销量:全网销售量累计超40万件

直播选品策略

任务要求:

(1)4—6人为一组,分组完成规定的任务。

(2)结合洛川苹果的产品信息策划单品直播脚本。

(3)直播脚本要体现产品的卖点。

任务实施:

(1)确定组长与副组长,组长负责分工,副组长负责记录。

(2)提炼产品卖点:根据产品信息提炼产品的卖点。

表5.5 产品卖点提炼

序号	产品卖点
1	
2	
3	
……	

(3)设计产品介绍:产品介绍要突出产品的优势,达到吸引用户下单的效果。可以直接以产品卖点为突破口,带入产品的详细介绍。

表5.6 产品介绍设计

（4）设计用户互动：通过引导点赞、评论、话题互动、巧发红包互动、设置抽奖环节等方式与用户互动，营造"热闹"的氛围，提高直播间人气，激发用户的购买欲望。一般针对一种产品设置一个互动。

表5.7　设计用户互动

互动环节方式	互动内容

（5）设计引导转化话术：促进商品转化的话术的主要作用就是引导用户下单购买商品，话术设计的逻辑主要是：打消消费者的顾虑，取得消费者的信任；制造稀缺感和紧迫感；提供优惠。

直播商品的定价策略

表5.8　引导转化话术

成果提交与评议：

（1）各小组组长在规定时间内提交结果，并进行展示。

（2）在展示过程中，认真听取老师的评价与分析，并由副组长在任务单中做好记录。

表5.9　任务单

任务名称		小组名称	
日期		时间	
组长		副组长	
其他成员			

续表

任务讨论及说明
方案实施过程
存在的问题以及解决方案
结果展示及说明

评分	

反思与总结	
优点	缺点

课中·学

任务三 短视频与直播的整合营销

一、短视频与直播整合的必要性

在当今的数字营销环境中,短视频和直播作为两大热门营销手段,各自具备独特优势,能够触达和影响广泛的用户群体。为了使营销效果最大化,品牌需要将短视频和直播进行整合,以实现更高的品牌曝光率、用户互动性和销售转化率。

(一)短视频与直播的优势互补

短视频和直播各有其独特的优势,而两者的整合能够实现优势互补,放大营销效果。

构建"短视频+直播"营销闭环

短视频因其时间短、内容精练的特点,具备强大的传播力和广泛的用户基础。短视频能够在短时间内抓住用户注意力,迅速传播品牌信息。例如,抖音和快手等平台上的短视频具备病毒式的传播能力,品牌方可以通过发布具有创意的短视频内容吸引用户的初步关注,并引导他们进一步了解品牌或产品。

另一方面,直播的核心优势在于其即时互动和真实体验。在直播中,用户可以通过与主播的互动,获得产品的详细介绍、使用体验和即时反馈,这极大地增强了用户的信任感和购买意愿。相比短视频的单向传播,直播中的双向互动使用户不仅是内容的观看者,更是内容的参与者,通过实时提问、评论、点赞等方式与品牌建立直接联系。

通过整合短视频与直播,品牌可以充分发挥两者的优势。短视频可以作为直播的引流工具,通过高频次、简短的内容吸引用户的注意,引导用户进入直播间观看详细的产品展示并参与互动。例如,品牌可以在直播前发布短视频预告,提前展示直播的亮点或产品优势,吸引用户对直播产生期待。直播结束后,品牌方还可以通过短视频进行直播内容的回顾,延长直播的营销效应。通过这种方式,短视频和直播能够形成完整的营销链条,实现从引流到转化的全流程营销。

(二)跨平台传播增强传播效果

短视频的跨平台传播能力使其在整合营销中起到了至关重要的作用。短视频可以在多个平台上快速传播,品牌可以通过抖音、快手、微博、小红书等不同平台,触达不同的用户群体,引发广泛关注。这些短视频可以是直播的预告片、产品亮点展示或用户生成内容(UGC),通过简短、精练且创意十足的内容,让更多的潜在用户对即将开始的直播产生兴趣。

而直播通常是在特定的时间段内进行,能够在短时间内为品牌带来可观的流量增长和销售转化提升。短视频的引流和预热有助于增加直播的观看人数,而直播则通过即时的促销活动、互动环节、限时抢购等手段,最大化用户的购买意愿。特别是当短视频通过多个社交平台进行传播时,能够迅速覆盖大量用户,将他们引导至直播间,进一步提升直播期间的流量高峰。

例如,某化妆品品牌通过抖音发布多个短视频,展示产品的亮点,并引导用户关注即将到来的直播。在直播中,品牌方可以通过限时优惠和礼品赠送等方式,促使短视频引流而来的用户进行购买。通过这种跨平台传播,短视频预热与直播的实时营销相结合,品牌方能够在短时间内大幅提升曝光度和销售转化率。

(三)用户体验的连续性

将短视频与直播结合的另一个优势是能够为用户提供连续的体验。在现代营销中,用户的体验感是品牌成败的关键。通过短视频和直播的结合,品牌方能够为用户提供从初次接触产品到深入了解并最终购买的完整体验。

短视频作为用户的第一接触点,能够帮助用户快速了解品牌故事、产品特点或独特卖点。用户可以通过观看品牌发布的短视频获得初步的兴趣,并对产品形成基本的认知。接下来,直播则作为更深层次的接触环节,提供更加详细的产品信息、实际使用演示和购买指导,帮助用户消除疑虑,并通过实时互动建立信任感。

这种体验的连续性极大地增强了用户的参与感和忠诚度。用户不会因为信息断层而感到困惑或失去兴趣,反而能够顺畅地从短视频的轻量级内容过渡到直播中的深度体验。例如,电子产品品牌可以先通过短视频展示产品的核心卖点,然后通过直播详细演示产品的使用场景和功能。这种内容的衔接性不仅让用户能够有更完整的购买决策路径,还可通过一系列的互动环节增强用户的黏性。

二、短视频与直播的整合策略

(一)预热与导流

在直播开始前,品牌可以发布多条短视频,预告即将上线的直播内容。短视频可以通过展示直播中的亮点或独家内容吸引用户的注意。例如，可以简要介绍直播的产品重点、优惠福利，或展示即将参与直播的明星和网红。利用创意十足的短视频制造悬念，如通过短片透露部分的直播信息，激发用户的好奇心，从而提高他们对直播的期待和关注。

短视频中的明星或网红效应是吸引流量的重要手段。用户往往因为喜爱某位明星或网红而关注相关内容，品牌方可以通过邀请名人拍摄短视频预告，吸引其粉丝群体进入直播间。这种策略能够借助明星的影响力，在短时间内为直播吸引大量观众。此外，结合热点话题制作短视频预告，也能迅速为直播导入流量。例如，当某个社会话题或流行趋势在网络上受到广泛关注时，品牌方可以通过与该热点话题相关的短视频内容引发讨论，并将话题流量引导到直播间。

通过这些策略，短视频不仅能够为直播吸引提前关注，还能在直播开始前形成口碑发酵，让更多用户参与到直播中来。通过合理运用短视频的预热功能，品牌方可以确保直播拥有足够的观看流量，增加互动和转化的机会。

（二）直播回顾与二次传播

在直播结束后，品牌方可以对直播内容进行剪辑，将直播中的精彩片段制作成短视频。这些剪辑可以包括主播的最佳推介时刻、用户互动的精彩瞬间、产品的功能亮点等。通过这种方式，品牌可以再次吸引用户的关注，延续直播的营销效果。剪辑视频可以发布在抖音、快手、微博等平台，利用这些平台的传播效应扩大直播的影响力。即使用户错过了直播的实时内容，他们仍然可以通过短视频了解直播的精彩内容和产品信息。

短视频的二次传播不仅仅是对直播内容的简单回顾，还可以通过二次包装的方式覆盖未能参与直播的用户。例如，品牌方可以在短视频中添加限时优惠信息、观看链接等，引导用户回顾完整的直播内容或参与接下来的促销活动。短视频的再次传播能够延长直播的营销周期，增强品牌的持续曝光和影响力。

（三）互动与用户参与

品牌方可以在短视频中引导用户提出问题，并承诺在直播中现场解答这些问题。这种策略不仅能够增加短视频的互动性，还能够提升直播的用户参与度。用户会为了获得他们的问题解答而积极参与直播，同时这种互动形式能够拉近品牌与用户之间的距离，增强用户的参与感和忠诚度。

通过鼓励用户生成内容（UGC），品牌能够进一步激发用户的积极性和信任感。品牌方可以发布短视频，展示用户的真实产品体验与反馈，例如展示用户在使用产品时的效果或故事，这些真实的 UGC 内容往往比品牌本身的宣传更具说服力。在直播中，品牌方可以通过展示这些 UGC 内容与用户进行讨论，增强产品的真实性和可信度。UGC 不仅能够增加品牌在社交平台上的曝光度，还能够通过用户的口碑传播进一步促进销售。

三、整合营销的效果评估与优化

（一）整合营销效果的评估

评估短视频与直播的整合营销效果，最重要的是通过数据监测来了解短视频的传播效果和直播的观看与转化情况。品牌方需要分别监测短视频的观看量、点赞数、评论数、转发量等核心指标，以此判断短视频的传播效力和用户参与程度。短视频的传播广度和深度是直播引流成功的关键，因此了解这些指标能够帮助品牌判断短视频是否有效达到了引流的目的。

在直播方面，品牌方需要重点关注观看人数、互动数据以及转化率。这些数据能够反映直播的即时效果，特别是用户在观看后的行为转化。通过这些数据，品牌方可以全面了解直播是否成功吸引了用户，并促成了实际销售。

接着，品牌方可以通过数据分析短视频与直播之间的转化效果。例如，品牌方可以通过监测从短视频导流至直播间的观众比例，来判断短视频是否成功引导了用户进入直播间。此外，品牌方还可以分析短视频预热和直播中观看人数的变化趋势，找到短视频与直播结合的最佳方式。例如，如果某种短视频类型能够显著提升直播间观看人数，品牌方可以在未来的营销策略中重点推广这种形式。

（二）用户反馈与体验优化

用户反馈是整合营销策略优化的重要依据。品牌方需要收集用户对短视频和直播的反馈，尤其是通过社交平台的评论、留言和直接的反馈，了解用户对内容形式、互动方式、产品展示等方面的接受程度。这些反馈能够帮助品牌识别哪些内容能够引发用户兴趣，哪些环节可能导致用户流失。

例如，用户反馈短视频的内容过于单一或直播节奏不够紧凑。通过分析这些反馈，品牌方可以优化短视频的创意和内容，增加更具吸引力的元素。同时，用户可以对直播中的互动环节、促销活动或产品展示方式提供建议，品牌方可以通过这些反馈调整直播节奏，使直播体验更加流畅。例如，在直播中延长产品演示的时间、增加互动环节，或调整促销时间，确保用户能够更好地参与其中。

品牌方还可以通过调查问卷、用户访谈等方式，进一步了解用户对短视频和直播的偏好。根据用户需求，品牌方可以调整营销策略，确保用户在短视频和直播之间的体验更加顺畅一致。例如，通过短视频有效预告直播中的互动活动或促销信息，可以让用户有更强的参与感,而直播中的即时反馈也能增强用户对品牌的忠诚度。

(三)持续改进与创新

整合营销的成功在于持续的改进与创新。通过每次整合营销的效果分析,品牌方应不断调整短视频和直播的内容形式、传播方式和互动策略,以适应市场变化和用户需求。品牌方可以尝试在内容创作上有所创新,如通过更富创意的短视频形式引发用户兴趣,或通过更紧密的互动模式提升直播的参与感。

品牌方可以探索不同的短视频与直播结合的方式。例如,在直播过程中插播与主题相关的短视频,作为产品介绍或故事背景,这种短视频插播能够为直播内容提供更多的视觉和信息支持,使直播更加丰富有趣。同时,品牌方还可以通过发起短视频挑战,吸引用户生成内容(UGC),并在直播中与这些短视频内容互动,增强直播的趣味性和用户的参与感。

品牌方可以通过分析每次整合营销的用户数据,优化短视频和直播的节奏。持续改进短视频与直播的联动模式,例如调整短视频的发布时间、内容时长和主题,确保最大化引流效果。在直播环节中,品牌方可以根据观众的实时互动调整直播节奏,提供更多个性化的内容和活动。

通过不断的创新,品牌方不仅能够在每次营销活动中取得更好的效果,还能为用户提供新鲜感,增加用户的参与度和忠诚度。例如,品牌方可以尝试通过AR或VR等新技术与短视频和直播相结合,增强用户的互动体验,或通过与其他品牌或网红合作,进一步扩大传播效果。

课内拓展

企业家访谈:"短视频+直播"运营在中小企业中的应用

课中·练

短视频+直播营销实战

我们助农小组的"新农人"们,通过构思精巧的短视频,生动展现水果的生长历程与独特风味;借助直播的即时互动特性,与消费者实现"面对面"沟通,全方位推广优质水果,为助农水果铺就一条从田间直达市场的绿色通道,带来了一定的销量。

为了进一步帮助果农扩大水果的销售渠道,助农小组计划借助短视频与直播整合营销的强大力量,用智慧为乡村振兴注入蓬勃动力,使水果销售更上一层楼!

任务要求:

(1)4—6人为一组,分组完成规定的任务。

(2)明确营销目标、目标受众、短视频主题与内容规划、直播活动设计、短视频与直播的衔接策略、推广渠道及预算安排,形成详细的执行方案与直播脚本。

任务实施:

(1)确定组长与副组长,组长负责分工,副组长负责记录。

(2)短视频制作与发布

小组按照策划方案拍摄制作助农水果短视频,内容可涵盖水果科普、果园采摘过程、果农故事、水果美食制作等,突出水果特色与助农意义。

在抖音、快手、微信视频号等多个平台发布短视频,通过话题标签(如#青春助农#、#水果新鲜直达#)、平台推广工具、社交分享等方式进行预热引流,吸引用户关注,并在视频中预告直播时间与福利。

(3)直播活动执行

直播前,利用短视频积累的流量和粉丝基础,通过短视频二次传播、社群通知、私信提醒等方式进行直播预热。

直播过程中,主播与助播配合,详细介绍水果产品,开展限时折扣、抽奖、秒杀等营销活动,解答观众疑问,引导观众下单购买。同时,实时剪辑直播精彩片段,生成短视频进行二次传播,吸引更多用户进入直播间。

直播结束后,发布回顾短视频,总结直播亮点与优惠活动,引导未观看直播的用户关注后续营销活动。

(4)复盘总结

数据复盘:各小组收集分析短视频播放量、点赞数、评论数、转发数,直播观看人数、停留时长、转化率、销售额等数据,评估整合营销效果。

小组复盘:召开小组会议,讨论整合营销过程中的优点与不足,分析短视频与直播衔接、流量转化、营销策略执行等方面存在的问题,总结经验教训。

撰写实践报告:学生根据实践过程和复盘结果撰写实践报告,阐述整合营销方案的实施过程、数据分析结论、个人收获与体会,提出改进建议。

成果提交与评议:

(1)各小组组长在规定时间内提交结果,并进行展示。

(2)在展示过程中,认真听取老师的评价与分析,并由副组长在任务单中做好记录。

表 5.10　任务单

任务名称		小组名称	
日期		时间	
组长		副组长	
其他成员			
任务讨论及说明			
方案实施过程			
存在的问题以及解决方案			
结果展示及说明			
评分			
反思与总结			
优点		缺点	

课后·测

一、填空题

1. 短视频是一种_____的视频形式,通常时长在几秒到几分钟之间。
2. 品牌通过短视频内容_____,甚至直接引导用户购买。
3. 短视频的内容创意通常具备_____,用户更容易被吸引并自发地将内容分享至社交媒体平台,形成广泛的二次传播。
4. 直播营销不仅仅在于一次性吸引用户关注,更在于持续_____。
5. 短视频的二次传播不仅仅是对直播内容的简单回顾,还可以通过二次包装的方式_____。
6. 主播的_____直接决定了直播的效果。内容设计和流程规划是确保_____的核心。
7. 短视频可以作为直播的引流工具,通过_____的内容吸引用户的注意,引导他们进入_____观看详细的产品展示并参与互动。

二、选择题

1. 短视频营销的核心特点是( )。

   A. 信息密度高　　B. 易于传播　　C. 互动性强　　D. 转化率高

2. 直播营销的主要特点包含( )。

   A. 实时互动性　　B. 为用户提供了更多参与感和代入感

   C. 信任感强　　D. 转化率高

3. 典型的直播流程包括以下几个步骤( )。

   A. 开场与欢迎用户　　B. 产品展示与讲解　　C. 限时优惠与促销

   D. 用户提问与答疑　　E. 总结与福利

4. 直播营销的常见形式包括( )。

   A. 产品推广型直播　　B. 互动娱乐型直播　　C. 节日促销型直播

项目六

用户行为分析与洞察

教学目标

知识目标：
1. 了解用户行为数据收集的意义
2. 理解用户留存的内容
3. 掌握用户忠诚度提高方法

技能目标：
1. 能够根据企业目标收集用户行为数据
2. 能够结合企业产品特征与用户行为数据识别用户痛点
3. 能够优化用户体验并提升用户忠诚度

素养目标：
1. 具备数据分析、量化分析的思维习惯
2. 能够树立创新意识，具备创新精神
3. 养成实事求是的工作作风

项目引导

在这个项目中，助农小组将身兼助农先锋与数据分析师双重角色，通过收集、整理、分析用户行为数据，挖掘用户需求与偏好，为提升店铺销量、扩大助农影响力提供支撑。店铺上线后，用户浏览了哪些水果、在哪些页面停留较久、下单或放弃购买的原因是什么，这些都隐藏在用户行为数据中。

这些基于用户行为数据的深度洞察，能助力我们优化店铺设计、改进套餐组合、调整营销策略。针对不同群体推送定制化助农宣传，讲述农户故事，让用户在购物时也能收获助力乡村发展的温暖与成就感。

思维导图

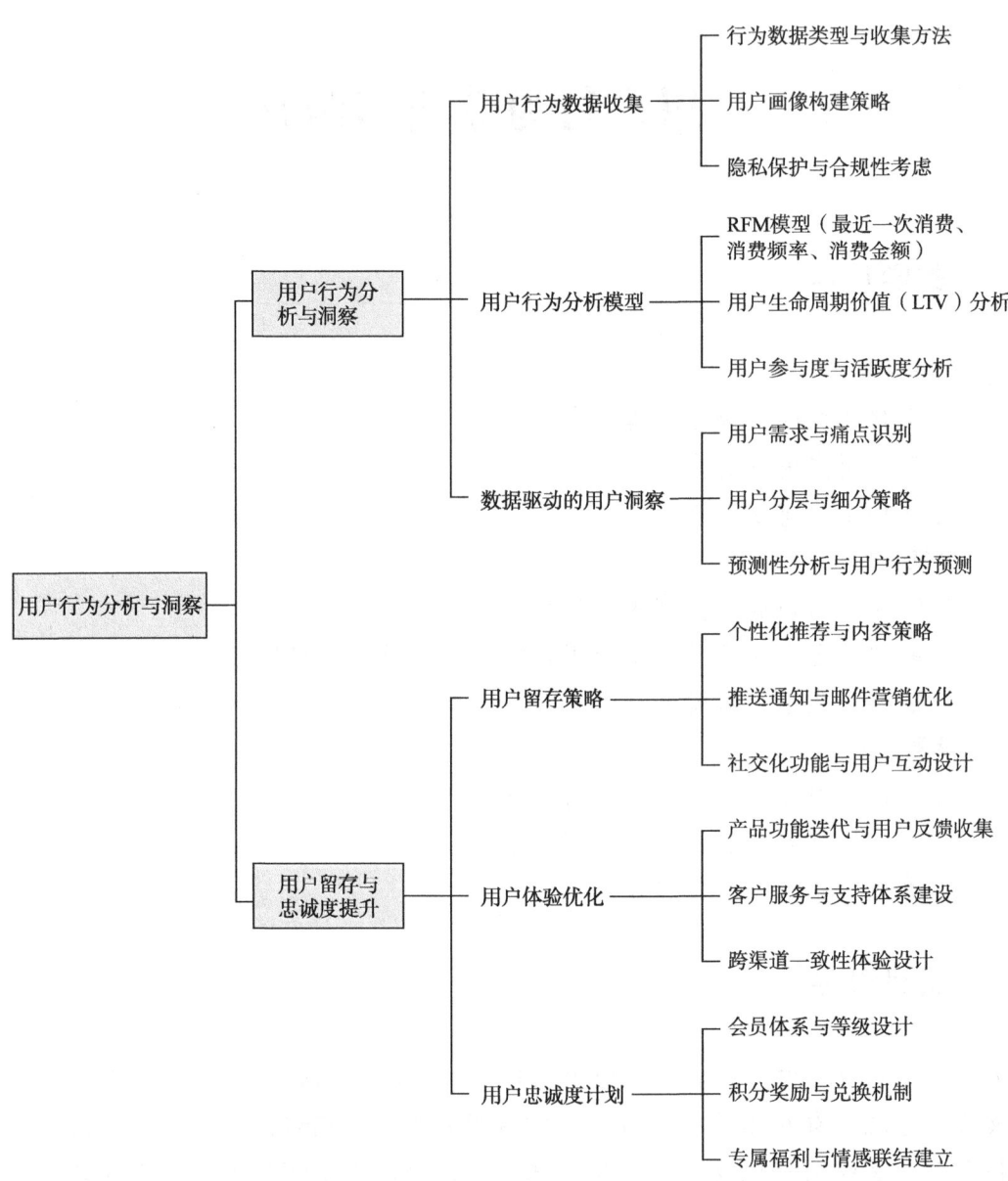

课前·思

1.请大家思考在哪些时间段给用户发送产品信息点击率更高?
_____
_____
_____

2.如何区分不同的产品用户,并提高用户忠诚度?
_____
_____
_____

课中·学

任务一 用户行为分析与洞察

一、用户行为数据收集

(一)行为数据类型与收集方法

用户行为数据的类型丰富多样,涵盖了用户在不同场景中的各种活动。一般来说,用户行为数据可以分为以下几类:点击行为、浏览行为、互动行为和购买行为。

点击行为数据是指用户在网站或应用中点击特定按钮、链接或广告的行为。这类数据能够揭示用户对内容或功能的兴趣和关注点。通过分析哪些元素获得了更多的点击,品牌可以优化页面布局、广告设计和产品功能。例如,电商平台可以分析用户在产品页面上的点击行为,了解用户对哪些产品更感兴趣,并据此优化推荐算法或调整商品展示位置。

浏览行为数据是指用户在网站或应用中的浏览路径、停留时间和页面访问深度。通过分析用户的浏览行为，品牌方可以评估哪些页面吸引了用户较多的关注，哪些页面存在较高的流失率。这类数据有助于优化网站结构和内容布局。例如，如果用户在某个页面上停留时间较短且跳出率较高，品牌方可能需要重新设计该页面的内容或功能，以提升用户体验。

互动行为数据反映了用户对内容的参与度和互动意愿。通过分析互动行为，品牌方可以了解哪些内容能够引发用户的情感共鸣或讨论，从而在内容营销上进行更有针对性的优化。例如，社交平台可以通过分析用户对某类视频的点赞和分享情况，推断用户对类似内容的偏好，并在推荐算法中优先推送相关内容。

购买行为数据包括用户的下单、支付、退款等行为。这些数据不仅能够揭示用户的购买偏好，还可以反映出购买流程中的问题。例如，通过分析用户的购物车放弃率，品牌可以发现用户购物流程中的瓶颈并加以优化，如简化支付步骤或提供更多的支付选项。

为了收集这些行为数据，品牌可以采用多种技术手段和工具。常见的方法包括网站和应用内的嵌入式分析工具，如百度统计。这些工具能够实时跟踪用户在平台上的操作。此外，品牌方也可以使用自建的数据管理系统，通过埋点技术记录用户的具体操作路径，并将这些数据储存到数据仓库中，供后续分析使用。

数据的收集还可以结合用户的设备信息和位置数据，从而获取维度更广的行为洞察。比如，移动应用可以通过分析用户的位置数据，了解用户在哪些地理区域更活跃，从而调整线下活动的策略。设备信息则能够帮助品牌优化多终端用户的使用体验，例如移动端和桌面端的设计区别，确保无论用户使用何种设备都能获得一致的体验。

（二）用户画像构建策略

用户画像是一种将用户数据进行整合、分析并构建出典型用户模型的方式，旨在帮助品牌更好地理解目标用户的需求和行为模式。通过用户画像，品牌可以细分用户群体，并针对不同的用户群体提供个性化的服务和产品推荐。

用户画像的构建通常基于多维度的数据，这些数据不仅包括用户的行为数据，还涵盖了人口统计数据、兴趣偏好和历史互动记录。构建用户画像的第一步是整合用户的基础信息，比如年龄、性别、职业、所在地等。这些数据可以通过用户注册时填写的表单信息获得，也可以从外部数据源（如社交媒体账号）中提取。

在整合了基础信息后，品牌方需要结合用户的行为数据，进一步细化用户画像。例如，在一个音乐流媒体平台上，用户的听歌习惯、收藏歌单和播放历史可以帮助平台了解用户的音乐偏好，从而推荐符合用户口味的音乐内容。通过分析这些行为数据，品牌方可以构建出不同的用户群体，分为偏好流行音乐、喜欢古典音乐或热衷于嘻哈音乐的不同用户类型，并针对每类用户设计个性化的产品和服务。

用户画像还可以结合用户的兴趣标签和消费能力来进行更深度的挖掘。例如，电商平台可以通过分析用户的浏览和购买历史，生成用户的消费能力评估和兴趣领域，进而为用户推荐高匹配度的商品。针对高消费能力的用户，平台可能会推荐更多的高端品牌或个性化服务；而对于注重性价比的用户，平台则可能会推送折扣活动或限时特惠信息。

用户画像构建还可以借助机器学习技术来提升精确度。通过使用用户行为数据进行模型训练，品牌方可以预测用户的未来行为。例如，一个用户连续浏览了多款数码产品，品牌方可以预测该用户在未来可能进行购买，并通过精准的广告推送或促销信息来提升用户的购买意愿。

（三）隐私保护与合规性考虑

在用户行为数据的收集和分析过程中，隐私保护是品牌方需要严肃对待的关键问题。随着全球用户数据隐私保护意识的提升，许多国家和地区都制定了严格的法律法规，来保护用户的个人信息。这不仅要求品牌方在技术上采取必要的措施保护用户数据，还需要在法律合规性方面保持透明和负责。

品牌需要遵守《中华人民共和国网络安全法》和《中华人民共和国个人信息保护法》。这些法规要求企业必须明确告知用户收集其数据的用途，并在进行数据收集时获得用户的明确同意。对于用户的个人数据，品牌方应采取最小化收集原则，确保只收集与业务需求相关的数据，避免过度收集或滥用用户信息。

《网络安全法》案例

同时，品牌方还需要采取有效的技术措施来保护用户数据的安全性。例如，通过加密技术确保用户的敏感信息（如支付信息、身份识别数据）在传输和存储过程中不被泄露。此外，品牌方还可以使用匿名化和去标识化技术处理用户数据，从而在分析数据时不会暴露用户的个人身份信息。这些措施不仅能够降低数据泄露的风险，还能够在用户的隐私保护与数据分析之间找到平衡。

品牌方还需要建立一套完善的数据管理制度，确保数据的使用和处理符合相关法规要求。具体而言，品牌方应设立数据使用的权限机制，确保只有经过授权的员工才能够访问和处理用户数据。此外，品牌方还需要建立定期的数据安全审查机制，确保数据收集、存储和处理的每一个环节都符合隐私保护要求。

二、用户行为分析模型

（一）RFM 模型（最近一次消费、消费频率、消费金额）

RFM 模型是一种用于分析用户行为和价值的经典模型，通过对用

RFM 模型案例

户的最近一次消费（Recency）、消费频率（Frequency）、消费金额（Monetary）三个维度进行评分，帮助品牌识别高价值客户和潜在流失客户。这一模型被广泛应用于电商、零售、金融等行业，能够帮助企业精准制定客户管理方案和营销策略。

最近一次消费（Recency）表示用户距离上一次消费的时间长短。一般来说，最近有过消费行为的用户，往往对品牌的忠诚度较高，或者对当前的产品和服务仍保持兴趣。因此，这类用户有较高的再次消费可能性。通过分析用户的消费时间，企业可以识别出长期未活跃的用户，并制定重新激活用户的策略。

消费频率（Frequency）表示用户在一定时间段内的购买次数。消费频率高的用户通常是品牌的忠实客户，他们与品牌的互动较多，未来再次购买的概率也较高。通过识别这些高频用户，企业可以为他们设计专属优惠或会员权益，进一步提升他们的忠诚度。同时，消费频率低的用户可能是偶然的或未建立品牌依赖的客户，品牌可以针对这些用户进行唤醒营销，提高他们的回购率。

消费金额（Monetary）表示用户在一定时间段内的总消费金额。消费金额高的用户通常是品牌的高价值客户，这类用户的购买力较强，也为企业带来了较大的利润。这类用户应成为品牌重点维护的对象。品牌可以通过高端定制服务、专属客服或VIP活动，提升其忠诚度并保持长期关系。

通过对每个用户的RFM三个维度进行评分，品牌可以将用户分为不同的群体。例如，高R、高F、高M的用户代表忠诚且高价值的客户，而低R、低F、低M的用户则可能是濒临流失的客户。通过这种分群，企业可以有针对性地设计不同的营销策略，使用户价值最大化。例如，针对忠诚用户，企业可以推出专属优惠或会员活动；针对低频用户，企业则可以通过定向促销或重新激活邮件刺激其回归。

（二）用户生命周期价值（LTV）分析

用户生命周期价值（LTV）分析是另一种重要的用户行为分析模型，用来评估一个用户在整个生命周期内为企业带来的总利润。LTV模型不仅可以帮助企业衡量现有用户的价值，还能为企业制定客户获取和保留策略提供依据。通过LTV分析，品牌方可以更准确地了解每个用户的长期潜在收益，进而优化市场预算和资源分配。

用户生命周期价值的计算公式通常为：

LTV= 平均订单金额 × 购买频率 × 用户生命周期长度

平均订单金额是用户每次购买的平均金额。通过分析用户的订单数据，企业可以了解他们的消费能力，并制定提高客单价的策略。例如，电商平台可以通过捆绑销售或个性化推荐，提高用户的购买金额。

用户生命周期价值（LTV）分析案例

购买频率是用户在一定时间段内的平均购买次数。购买频率越高，用户的价值越大。通过分析购买频率，品牌方可以识别出高频次的忠实用户，并通过提升他们的购买体验，进一步提高其消费频率。

用户生命周期长度是指用户从首次购买到最后一次购买之间的时间长度。用户生命周期越长，为品牌创造的价值就越大。通过延长用户的生命周期，企业可以增加用户的 LTV，从而提升整体的盈利能力。例如，品牌方可以通过推出会员制或定期活动，保障用户的长期留存。

LTV 分析不仅能够帮助企业评估单个用户的价值，还可以用于用户分群和市场预算的优化。企业可以将 LTV 较高的用户视为重点投资对象，通过定向营销和个性化服务，进一步提升他们的忠诚度和回购率。而对于 LTV 较低的用户，企业则可以评估其获取成本与潜在价值之间的平衡，判断是否值得继续投入大量资源进行维护。

通过 LTV 分析，品牌方还可以优化广告支出策略。如果品牌方了解每个新用户的预期 LTV，就可以更合理地设定客户获取成本（CAC）。当 CAC 低于 LTV 时，品牌的营销投资是健康的；反之，则需要优化营销渠道或调整预算分配。比如，互联网巨头阿里巴巴会根据不同用户的 LTV 和购买习惯调整广告投放策略，确保每个用户群体都能够带来可观的投资回报。

（三）用户参与度与活跃度分析

用户参与度与活跃度分析是品牌衡量用户在平台上互动和使用频率的关键指标。通过分析用户的参与度和活跃度，企业可以了解用户与产品的黏性，并制定相应的保留和唤醒策略。高参与度和高活跃度通常表明用户对产品有强烈的兴趣和依赖性，而低参与度和低活跃度则可能是用户流失的前兆。

用户参与度通常通过分析用户在平台上的互动行为来衡量，例如点击、浏览、点赞、评论、分享等。参与度越高的用户，表明他们对平台上的内容或功能越感兴趣。这类用户往往是对品牌忠诚度较高的客户，他们会频繁与品牌进行互动，并可能在社交媒体上推荐产品。品牌方可以通过提供更多的互动功能、定期推出新内容，保持这些用户的参与热情。例如，社交媒体平台抖音通过推送符合用户兴趣的短视频内容，持续提升用户的参与度，增加他们在平台上的活跃时间。

用户活跃度则衡量用户对平台的使用频率。通常，活跃度可以通过日活跃用户（DAU）、月活跃用户（MAU）等指标来衡量。高活跃度用户表明他们定期使用产品或服务，而低活跃度用户可能即将流失。通过分析用户的活跃度变化，品牌方可以识别出不同用户群体的行为模式。例如，游戏公司会根据用户的活跃度，针对低活跃用户推送唤醒通知或奖励活动，吸引他们回归平台。

在用户参与度和活跃度分析中，品牌方可以运用行为打分模型，为每个用户的行为打分，并根据得分高低进行用户分群。例如，高参与度、高活跃度的用户可以被视为核心用户，品牌方可以为他们提供更具个性化的体验和专属福利。而低活跃度的用户则可能需要唤醒活动，品牌方可以通过发送促销信息、提供限时优惠等方式，刺激这些用户重新活跃起来。

三、数据驱动的用户洞察

（一）用户需求与痛点识别

用户需求与痛点的识别是数据驱动的用户洞察中最为核心的部分。通过分析用户的行为数据，品牌方可以了解到用户在使用产品或服务时遇到的问题，并识别出他们最关心的功能或服务改进点。用户需求通常通过对用户操作数据的深度分析和用户反馈数据的提取得以挖掘，而痛点则往往是用户在使用过程中的障碍或不满点。

数据驱动的需求识别主要通过分析用户的行为模式来实现。例如，电商平台可以通过用户的浏览、搜索和购买数据，发现用户在特定品类或价格区间上的偏好。这种需求识别不仅可以帮助品牌推荐相关的商品，还能指导未来产品的开发或服务的改进。此外，用户的搜索行为也是识别需求的重要数据源。如果某些关键词被频繁搜索，但相应产品或服务的展示较少，品牌方可以据此发现潜在需求，并通过丰富商品种类或增加特定功能来满足用户的需求。

而用户痛点的识别则更多依赖于对用户流失、放弃购买、未完成任务等行为的分析。品牌方可以通过分析用户的跳出率、购物车放弃率等数据，判断用户在哪些环节遇到了困难。例如，在金融类 App 中，如果用户在注册或开通服务时的流失率较高，可能表明注册流程复杂或用户界面不够友好。这种行为数据结合用户反馈信息（如投诉、客服记录等）能够帮助品牌准确定位问题，从而优化产品流程，消除用户的使用障碍。

在用户需求和痛点识别中，数据交叉分析也发挥了重要作用。例如，分析用户的行为数据（如购买频率、互动数据等）与人口统计数据（如年龄、地域、职业等）相结合，可以揭示不同群体的特定需求和痛点。比如，年轻用户可能更关注个性化推荐，而中老年用户可能需要更简化的操作流程。通过这样的交叉分析，品牌方可以有针对性地优化产品功能和用户界面设计，提升整体的用户体验。

（二）用户分层与细分策略

用户分层与细分策略是品牌方在用户洞察过程中必不可少的一环，它能够帮助企业理解用户的异质性，并针对不同层级的用户提供差异化的服务或产品推荐。通过用户分层，品牌方能够更加精准地定位高价值用户和潜在流失用户，并进行个性化的用户运营和市场推广。

用户分层策略的基础是用户行为数据的分类和分析，常见的分层方法有基于用户活跃度、价值贡献以及行为特征的多维度分层。例如，品牌方可以根据用户的消费频率和消费金额将用户分为高价值用户、中价值用户和低价值用户，从而根据不同的分层制定相应的营销措施。对高价值用户，品牌可以提供更多的专属服务或高端优惠，而对中低价值用户，品牌方可以设计更多促销活动，刺激他们提高消费频率。

此外，用户活跃度也是分层的关键维度之一。通过分析用户的日常活跃情况、功能使用频率以及互动参与度，品牌方可以将用户划分为核心用户、中等活跃用户和低活跃用户。核心用户通常是品牌忠实的粉丝，他们对品牌的黏性高，参与度也较高，因此品牌方可以优先考虑向这些用户提供会员制或长期奖励计划。而对于低活跃用户，品牌方可以设计唤醒机制，通过推送个性化内容或限时优惠，提升这些用户的活跃度。

在用户细分策略中，数据驱动的用户画像构建同样重要。品牌方可以根据用户的行为数据、兴趣标签、购买习惯等细化用户群体。例如，在社交媒体平台中，用户的点赞、评论、分享等行为能够揭示他们对不同类型内容的偏好。通过将用户分为内容偏好型、社交互动型和观察型用户，品牌方可以制定更具针对性的内容推送和用户互动策略。这种基于细分的个性化运营策略，不仅能够提高用户的参与度和留存率，还能够提升用户的整体体验。

（三）预测性分析与用户行为预测

预测性分析通过运用历史数据和机器学习技术，帮助品牌提前预测用户未来的行为，并基于这些预测制定更加有效的运营策略和营销策略。通过预测性分析，品牌可以了解用户未来可能采取的行动，如是否流失、是否会购买特定商品等，进而采取提前干预或激励措施，减少流失或促进转化。

预测性分析在电商、金融和SaaS等行业应用广泛。以电商为例，品牌方可以通过分析用户的购买历史、搜索行为和浏览路径，预测用户未来的购买倾向。例如，当一个用户多次浏览同一类产品，但始终未完成购买时，品牌方可以基于这些数据预测该用户的潜在购买意愿，并推送定向促销信息，鼓励其下单。此外，品牌方还可以预测用户的生命周期价值（LTV），并根据不同LTV用户的未来行为预测合理分配营销资源，从而最大化投入产出比。

在用户流失预测方面，品牌方可以通过分析用户的活跃度下降、使用频率降低等数据，识别出潜在的流失用户。比如，一款社交应用可以根据用户的登录频率、消息发送次数等行为数据，预测哪些用户可能即将停止使用产品。对于这些高流失风险的用户，品牌方可以在他们即将流失之前，通过发送个性化的提醒或推出限时活动来唤醒他们，延长用户生命周期。预测性分析在这一过程中不仅提高了用户保留率，还优化了营销效率。

同时，机器学习算法的应用也使得预测性分析的精确度进一步提升。通过建立用户行为的时间序列模型，品牌方可以预测出某个用户在不同时间段的活跃模式，进而调整内容推送的时机。例如，使用 Netflix 这样的流媒体平台可以通过用户的观看行为预测他们可能感兴趣的下一部影片，并在合适的时机推送推荐，从而提升用户的观看时长和平台黏性。

总的来说，预测性分析不仅可以帮助品牌提高用户的保留和转化，还能增强用户体验，使品牌能够更加精准地满足用户的需求并提升客户满意度。未来，随着数据积累和算法精进，预测性分析在用户行为预测中的应用前景将更加广泛。

课内拓展

常见的用户行为分析模型介绍

麦当劳通过个性化促销活动
提升用户生命周期价值

课中·练

水果销售用户行为数据分析

在竞争激烈的水果线上销售市场中，"助农"线上水果店借助微信公众号、抖音短视频与直播、小红书种草笔记等新媒体平台，主打新鲜、高品质的时令水果，致力于为消费者提供便捷的水果购买服务。然而，近期店铺面临多重挑战，需要学生运用用户行为数据分析助力解决问题。

随着季节更替，水果市场供需关系发生显著变化。夏季来临，西瓜、荔枝等夏季水果成为市场热门，但店铺在这些水果的销售上却未达预期，与同类型优质竞品相比，销量存在较大差距。同时，店铺在各个新媒体平台上的运营效果参差不齐，抖音直播观看人数波动大，部分场次转化率极低；小红书的种草笔记虽有一定曝光量，但引流到店铺的实际用户较少；微信公众号的推文打开率持续走低，用户互动量也在不断下降。

不仅如此，店铺还发现用户留存率较低，新用户在首次购买后，复购率明显不足。而且水果损耗问题严重影响成本与利润，由于无法精准把握用户需求，导致部分水果库存积压，新鲜度下降，只能低价处理甚至丢弃，造成经济损失。

为摆脱困境，"助农"线上水果店亟须深入分析用户行为数据，精准洞察用户需求与行为偏好。学生将扮演专业的数据分析师与新媒体营销策划者，通过对用户在各个新媒体平台的访问、浏览、购买等行为数据进行收集、整理、可视化分析，挖掘数据背后的规律与问题。例如，分析抖音直播中不同时段、不同主播风格、不同水果展示方式下用户的观看时长、点赞评论数、下单转化率，找出提升直播效果的关键因素；研究小红书种草笔记的内容类型、发布时间、配图风格对引流效果的影响；探索微信公众号推文的标题、内容结构、推送频率与用户打开率、互动率的关系。进而制定出针对性强、切实可行的新媒体营销优化策略，助力"助农"线上水果店提升销售业绩，增强市场竞争力，在水果线上销售领域脱颖而出。

任务要求：

（1）4—6人为一组，分组完成规定的任务。

（2）学生能快速掌握水果销售用户行为数据的基础分析方法。根据分析结果，提出实用的新媒体营销优化建议。建立数据分析与新媒体营销相结合的基础思维。

任务实施：

（1）确定组长与副组长，组长负责分工，副组长负责记录。

（2）平台销售分析：学生用Excel的数据透视表统计来自微信公众号和抖音的用户数量、下单用户数量及订单总金额。对比两个平台的下单率（下单用户数÷总用户数），分析哪个平台销售效果更好。

表6.1 平台下单产品数据

用户ID	来源平台	浏览水果	是否下单	订单金额（元）
U001	微信公众号	苹果	是	30
U002	抖音	香蕉	否	0
U003	微信公众号	橙子	是	45
U004	抖音	葡萄	是	50
U005	微信公众号	草莓	否	0
……	……	……	……	……

表6.2 平台下单用户数据

用户ID	年龄	性别	所在城市
S001	28	女	杭州
S002	35	男	深圳
S003	22	女	成都
S004	40	男	北京
S005	25	女	上海
……	……	……	……

（3）水果销售偏好分析：同样利用数据透视表，统计不同水果的浏览次数和下单次数，找出最受用户关注和最畅销的水果，以及浏览多但下单少的水果。

（4）数据可视化：学生使用 Excel 的图表功能，制作柱状图展示不同平台的订单金额对比，直观呈现平台销售差异；制作饼状图展示各类水果下单次数占比，清晰反映用户水果购买偏好。

简单调整图表颜色、标题、坐标轴标签，使图表清晰美观。

（5）营销建议：学生以个人或小组为单位，根据分析结果，思考新媒体营销优化策略。例如，针对销售效果好的平台，提出增加推广投入、优化内容的建议；针对畅销水果，制定加大宣传、推出优惠套餐的方案；对于浏览多但下单少的水果，探讨改进商品展示、设置促销活动的方法。

学生撰写简短的营销建议报告，内容包含分析结论和具体策略。

成果提交与评议：

（1）各小组组长在规定时间内提交结果，并进行展示。

（2）在展示过程中，认真听取老师的评价与分析，并由副组长在任务单中做好记录。

表6.3 任务单

任务名称		小组名称	
日期		时间	
组长		副组长	
其他成员			
任务讨论及说明			
方案实施过程			
存在的问题以及解决方案			

续表

结果展示及说明
评分	
反思与总结
优点	缺点

课中·学

 用户留存与忠诚度提升

一、用户留存策略

用户留存是企业在数字化营销和产品运营中最重要的目标之一。相比用户获取,用户留存直接影响用户的长期价值(LTV)和品牌的可持续发展。留存率高的用户往往具有更高的忠诚度和复购率,为企业带来的价值远高于单次消费的用户。因此,品牌方在用户获取的基础上,需要运用多种策略保持用户的长期参与。

(一)个性化推荐与内容策略

个性化推荐是提升用户体验、增强用户黏性的重要手段。通过分析用户的行为数据、偏好和历史记录,品牌方可以为每个用户提供高度相关的内容、产品或服务推荐。这种基于用户兴趣的个性化策略,可以有效减少用户流失,提升用户留存率。

个性化推荐不仅能够提升用户的体验,还能增加用户在平台上的停留时长。例如,电商平台通过分析用户的浏览和购买记录,能够推荐与用户兴趣相关的商品,激发其购买欲望。京东和淘宝等电商平台通过精细的推荐算法,在用户的首页上展示其可能感兴趣的商品、促销活动和个性化优惠券,极大地提高了用户的回访率和购买转化率。

内容平台也可以通过个性化推荐来提升用户的留存率。像今日头条、抖音等内容分发平台,使用先进的推荐算法,向用户推送符合其兴趣的文章或视频内容。通过实时分析用户的点赞、评论、分享等行为数据,内容平台能够不断优化内容推荐,使用户始终获得符合其兴趣的内容,这种个性化的内容体验显著提升了用户留存率。

品牌方可以通过数据驱动的个性化推荐增强用户与产品的情感连接。比如,音乐流媒体平台网易云音乐通过分析用户的听歌习惯,推荐个性化歌单和曲目,帮助用户发现新音乐,满足他们的情感需求。这种个性化的内容策略,使得用户不仅将平台视为工具,更将其视为个性化服务的提供者,从而提升了用户的长期留存率。

(二)推送通知与邮件营销优化

推送通知和邮件营销是企业与用户保持长期联系的重要渠道,能够通过有效的信息传递促进用户回访和留存。然而,过于频繁、不相关的推送和邮件往往会适得其反,导致用户取消订阅甚至流失。因此,优化推送通知和邮件营销是提升用户留存率的关键。

1. 推送通知应注重时机和内容的精准度

通过分析用户的行为数据,品牌方可以判断用户何时最有可能对某条信息产生兴趣。例如,一家在线教育平台可以根据用户的学习进度,在他们完成某个课程后,推送下一阶段的学习计划或相关课程推荐。推送的内容应与用户的当前状态相关,以增强推送的价值感。通过推送个性化的通知,品牌方可以提醒用户参与特定活动或完成某些任务,从而提高用户的参与度和留存率。

2. 推送通知的时间选择

通过数据分析,品牌方可以了解用户在一天中最活跃的时间段,并在用户最有可能接收和响应通知时推送信息。例如,对于电商平台,夜间通常是用户最活跃的购物时段,因此针对夜间购物的促销通知可能比白天更有效。品牌可以通过 A/B 测试,不断调整推送的内容和时机,以找到最适合用户的推送策略。

3. 邮件营销的精准化和个性化

邮件应尽量根据用户的历史行为和兴趣进行定制,以避免泛化的群发邮件。例如,某用户在电商平台上浏览了某件商品但未购买,品牌可以发送一封包含该商品折扣信息的邮件,吸引用户回到平台完成购买。通过这种个性化邮件营销,品牌方不仅能提高转化率,还能加强与用户的持续互动。

4. 邮件营销的内容设计应注重提供实质性的价值

知识类平台可以通过定期发送有价值的内容推荐邮件,帮助用户更好地获取所需信息。这种基于内容的邮件,不仅能够增加用户的黏性,还能强化品牌在用户心中的专业形象。通过合理的推送和邮件策略,品牌方能够与用户保持长期的联系,促进用户的定期回访和活跃度。

(三)社交化功能与用户互动设计

社交化功能和用户互动设计是提升用户留存的另一个有效策略。通过打造用户之间的互动机制,品牌方可以增强社区感,提升用户在平台上的参与度和归属感。这种社交化的设计不仅能延长用户的使用时长,还能通过用户的自发分享和推荐,带来更多的新用户。

社交化功能的设计可以通过多个层面来增强用户体验。首先,品牌方可以引入用户生成内容(UGC)的机制,鼓励用户在平台上创建和分享自己制作的内容。例如,抖音通过用户自创的短视频吸引了大量的用户参与，不仅让用户感受到创作的乐趣，还通过 UGC 内容增强了平台的丰富性和活跃度。品牌方可以通过举办线上挑战活动等，激励用户参与到内容的创作和分享中，进而提升用户的归属感和黏性。

其次，用户互动设计是通过增强用户之间、用户与平台之间的互动，来提高留存率。比如，很多社交媒体和内容平台通过评论、点赞、分享等互动功能，促进用户之间的讨论和交流。这种互动不仅增强了内容的吸引力，还让用户感觉到与其他用户的联系，从而提高在平台上的活跃度和留存率。此外，游戏化的设计也能增强用户与平台的互动。例如，微信通过"打卡"功能鼓励用户每天记录步数，这种简单的互动设计不仅增加了用户的参与感，还通过每日互动培养了用户的使用习惯。

最后，品牌方还可以利用社群运营提升用户留存率。通过打造用户社区，品牌方能够促进用户之间的交流和信息分享，形成强大的用户网络效应。例如，小红书通过其平台上的用户社区，促进了用户对美妆、时尚等话题的讨论，使用户通过平台建立了与志同道合者的联系。这种社区感极大增强了用户对平台的依赖感，并形成了良好的留存效果。

二、用户体验优化

（一）产品功能迭代与用户反馈收集

产品功能的迭代与优化是提升用户体验的核心。随着用户需求的变化，品牌方需要持续改进产品功能，以确保产品始终满足用户的需求和期望。功能迭代是一个动态的过程，品牌方需要通过不断的测试、优化和发布新功能，为用户提供更好的体验。

品牌方可以通过多种渠道收集用户的反馈，如应用内的反馈按钮、用户调研、社交媒体评论、在线评论平台，以及客服反馈等。这些反馈能够帮助品牌方了解用户在使用过程中遇到的困难和痛点，从而找到需要优化的具体功能。例如，一家电商平台通过用户反馈得知部分用户在支付过程中遇到了流程复杂的问题。品牌方可以据此简化支付流程，减少用户的操作步骤，从而提升购买转化率。

通过对用户行为数据的分析，品牌方可以识别出哪些功能被高频使用，哪些功能未得到充分利用。这类数据能够帮助品牌决定功能的优先级，并合理分配开发资源。例如，用户行为数据可能显示，某个搜索功能的使用率低，导致用户无法快速找到他们想要的商品。品牌方可以在下一次迭代中优化搜索功能或重新设计搜索栏的位置，提升用户的搜索体验。

敏捷开发模式在功能迭代中也发挥了关键作用。通过短周期的迭代和快速发布，品牌方能够根据用户反馈和数据分析快速做出调整，确保产品始终符合用户的需求。例如，微信团队在开发过程中，通过不断推出小范围测试版本，快速收集用户反馈并调整功能设计,保持了产品的灵活性和用户体验的优化。

(二) 客户服务与支持体系建设

高效的客户服务与支持体系是优化用户体验的重要保障。当用户在使用产品时遇到问题或需要帮助时,及时且有效的服务可以极大提升用户对品牌的信任和满意度。建立完善的客户服务与支持体系,能够确保用户在遇到问题时得到迅速的解决,并进一步增强品牌与用户之间的关系。

多渠道的客户支持是现代企业提升客户服务体验的关键要素。品牌方应通过多种沟通渠道(如电话、电子邮件、在线客服、社交媒体等)提供客户支持,确保用户可以根据自己的偏好和需求选择最合适的渠道与品牌进行沟通。例如,支付宝在其应用内提供了在线客服和电话支持功能,用户可以根据问题的复杂性选择即时聊天或电话帮助,提升了问题解决的效率。

自助服务系统的建立也是提升用户服务体验的有效手段。很多用户希望能够通过自助方式解决常见问题,而不需要每次都联系客服人员。品牌方可以通过在线 FAQ 页面、帮助中心、AI 智能客服等方式,为用户提供即时的解决方案。例如,京东在其 App 中提供了智能客服机器人,通过自然语言处理技术回答用户的常见问题,帮助用户快速找到他们需要的解决方案。这种自助服务不仅提高了用户的自主解决能力,也降低了品牌的客服负担。

个性化的客户服务能够进一步增强用户体验。通过整合用户的历史互动数据,品牌方可以为每个用户提供个性化的服务方案。例如,银行可以通过了解用户的历史交易记录,提供定制化的财务建议或贷款服务。电商平台也可以通过分析用户的购物历史,为其提供更加个性化的退换货服务。通过这种定制化的服务体验,品牌方能够提升用户的满意度和忠诚度。

(三) 跨渠道一致性体验设计

跨渠道一致性体验设计案例

在如今的多渠道环境中,用户往往通过多个接触点(如网站、移动应用、社交媒体、实体店等)与品牌进行互动。因此,提供跨渠道一致的用户体验是提升用户整体满意度的重要手段。跨渠道一致性体验设计不仅能够增强品牌形象的一致性,还可以减少用户在不同渠道间的操作障碍,提升整体的用户体验。

1. 视觉设计一致性

用户在使用不同设备或访问不同平台时,品牌的风格、配色、图标等视觉元素应保持一致。这种一致的设计不仅能够增强用户对品牌的认知,还能够让用户在不同渠道间切换时感到熟悉和舒适。例如,阿里巴巴的电商平台无论在 PC 端还是移动端,都保持了相同的色调、字体和页面布局，这种一致的设计增强了用户的使用体验，让用户在多个设备上都能轻松使用。

2. 功能一致性

用户在不同渠道上使用品牌服务时，应该获得相同的功能体验。例如，一家银行的用户在移动应用和 PC 端都应能够方便地查询账户余额、转账和支付。如果用户发现某个功能在一个渠道上可用，但在另一个渠道无法操作，可能会产生挫败感，从而影响整体体验。品牌方需要确保不同渠道间的功能一致性，使用户无论通过何种方式访问品牌，都能够享受到一致的服务体验。

3. 数据同步与无缝切换

用户希望在不同设备间无缝切换，而不会丢失正在进行的操作或进度。例如，用户在手机上添加的购物车商品应该能够实时同步到 PC 端的购物车中，这样用户可以在任意设备上继续完成购买流程。通过确保数据的同步性和操作的连续性，品牌方可以大幅提升用户在多个渠道中的体验一致性。

三、用户忠诚度计划

（一）会员体系与等级设计

会员体系是用户忠诚度计划的核心组成部分，它通过划分不同的会员等级，鼓励用户通过持续的互动或消费提升等级，从而获得更多的福利和优惠。一个有效的会员体系可以激励用户持续参与，增强用户的品牌归属感，并促使用户为获得更高的等级而增加消费。

会员体系设计通常包括多个等级，从基础会员到高级会员，各等级对应不同的权益和福利。品牌方可以根据用户的消费金额、消费频率、活跃度等因素将用户分为不同等级。例如，许多电商平台通过消费金额将用户划分为普通会员、黄金会员和钻石会员，不同等级的会员享有的折扣力度、专属服务和优先购买权有所不同。以京东为例，京东的 Plus 会员通过提供更大的折扣、免运费服务和独家优惠，极有力地吸引了用户持续进行消费以维持或提升会员等级。

会员体系的设计应具备明确的升级路径，让用户能够清晰地了解如何通过参与或消费来提升等级。这种明确的激励机制能够促使用户持续参与品牌活动。例如，航空公司的会员体系通常依据用户的飞行里程或消费金额给予用户特殊的权益，用户通过积累一定的飞行里程，可以从普通会员升级为金卡或白金卡会员，获得优先登机、免费托运行李等专属权益。这样的设计不仅增强了用户的黏性，还提升了用户的消费动力。

同时，会员体系还应当具有独特性和稀缺性。高级别的会员应享有其他用户无法获得的独家权益，这种稀缺的福利能够增强用户的荣誉感和归属感。例如，奢侈品牌可以为其顶级会员提供限量款产品的优先购买权或独家邀请的 VIP 活动，这些专属服务能够让会员感到与品牌建立了更紧密的联系，从而进一步提升忠诚度。

（二）积分奖励与兑换机制

积分奖励机制是用户忠诚度计划中常见且有效的激励方式，通过鼓励用户完成特定的任务，如购买、分享、评价等，积累积分并兑换福利，提升用户的活跃度和参与度。一个设计合理的积分机制能够增强用户的成就感，促使用户持续与品牌互动。

积分奖励机制的核心在于用户能够通过与品牌的互动积累积分，并用积分兑换实质性的奖励。品牌方可以为不同的行为设定不同的积分奖励。例如，在电商平台中，用户每次消费可以获得消费金额一定比例的积分，同时，用户完成评论、分享商品页面等任务也能获得额外的积分奖励。这种多元化的积分获取途径，能够激励用户进行更多的互动，从而提升品牌的用户活跃度。

积分兑换机制则是用户忠诚度计划中增强用户黏性的重要环节。通过积累的积分，用户可以兑换各种奖励，如折扣券、礼品、服务升级等。兑换机制的设计应当具有灵活性和多样性，让用户可以根据自己的需求选择合适的奖励。例如，支付宝的积分计划为用户提供了多样化的兑换选项，用户可以用积分兑换实物商品、优惠券，甚至用于支付账单，这种灵活的兑换方式极大地增强了用户的参与意愿。

积分奖励计划可以与限时促销或节日活动相结合，进一步刺激用户的参与。例如，品牌可以在特定时间段内提供积分翻倍或限定兑换活动，激发用户的紧迫感，促使他们积极参与。这种短期激励机制不仅能够快速提升用户活跃度，还能通过用户的社交分享进一步扩大品牌的影响力。

（三）专属福利与情感联结建立

专属福利是用户忠诚度计划中的关键要素，能够通过提供个性化的、具有情感价值的福利，增强用户对品牌的归属感和忠诚度。这种福利不仅应具备物质价值，还应具备情感联结功能，让用户感受到品牌的关怀和重视。

专属福利的设计应以用户需求和品牌特色为出发点。针对高价值用户，品牌方可以提供如定制化服务、提前预购权、会员专属折扣等稀缺性福利。例如，星巴克的会员计划通过为高级会员提供生日免费饮品、专属折扣等福利，增强了用户与品牌的情感连接。通过这些个性化的关怀，品牌不仅提升了用户的消费意愿，还增强了用户的品牌忠诚度。

情感联结的建立往往超越了物质福利的层面，更多的是让用户感受到品牌对自己的重视与共鸣。品牌方可以通过定期为会员提供个性化的推荐或专属体验，增强用户的归属感。例如，奢侈品牌路易威登为其顶级会员提供专属的时尚秀邀请和设计师见面机会，让会员感受到品牌带来的独特情感体验。这种超越产品本身的情感联结，能够进一步加深用户与品牌的关系，提升用户的忠诚度。

情感价值还可以通过与用户的生活场景或价值观建立共鸣来实现。例如，一些环保品牌通过在会员福利中引入可持续发展项目，鼓励用户参与环保行动，并提供相应的福利和回报。这样的福利设计，不仅让用户感受到物质回报，还能让他们感受到品牌在环保方面承担的社会责任，从而进一步增强品牌认同感。

课内拓展

用户忠诚度计划案例

评估用户激励体系效果的关键指标

课中·练

用户留存率与忠诚度提升实操

学生们为线上"助农"水果小店提供营销支持。当下，周边同类店铺不断涌现，线上竞争愈发激烈，"助农"水果小店面临着新用户增长停滞、老用户大量流失的困境，用户复购率显著下滑，对店铺的忠诚度严重不足。为扭转这一局面，学生们需深入分析用户行为数据，探寻提升用户留存率与忠诚度的有效途径。

任务要求：

（1）4—6人为一组，分组完成规定的任务。

（2）帮助学生掌握水果销售领域中分析与用户留存率和忠诚度紧密相关数据的基础方法，具备初步的数据处理与解读能力。

（3）引导学生依据数据分析结果，制定出能够切实提升用户留存率与忠诚度的新媒体营销策略，增强学生将理论转化为实践的能力。

（4）培养学生运用数据分析解决新媒体营销实际问题的思维，使其在今后的工作中能够熟练运用数据驱动用户运营，提升业务水平。

任务实施：

（1）确定组长与副组长，组长负责分工，副组长负责记录。

（2）数据认知：仔细查看数据表格，详细阐释各数据字段的意义。例如，"注册时间"

与"首次购买时间"的差值能直观反映用户从注册到首次消费的转化速度;"购买次数"与"累计消费金额"可精准体现用户的消费活跃度与消费能力;"平均购买间隔天数"则能清晰展示用户的购买频率。

表6.4 用户购买数据

用户ID	注册时间	首次购买时间	最近购买时间	购买次数	累计消费金额(元)	平均购买间隔天数	是否为会员(0-否,1-是)	会员等级(普通卡/银卡/金卡)	参与促销活动次数
001	2024-01-01	2024-01-05	2024-04-10	5	800	30	1	金卡	4
002	2024-02-15	2024-02-20	-	1	150	-	0	-	0
003	2024-03-10	2024-03-12	2024-05-20	3	450	45	1	银卡	2
004	2024-04-05	2024-04-08	-	1	200	-	0	-	1
005	2024-05-01	2024-05-03	2024-07-15	4	600	35	1	普通卡	3
……									

(3)数据初步处理

重复值处理:指导学生运用Excel "数据"选项卡中的"删除重复项"功能,以用户ID为筛选依据,快速识别并删除重复的用户记录,确保数据的唯一性与准确性。

缺失值处理:借助Excel的筛选功能查找缺失值。对于"最近购买时间""平均购买间隔天数"等字段的缺失值,若该用户仅有一次购买记录,可将其标记为特殊状态;若存在多次购买行为但数据缺失,可参考同类型用户的平均值进行填充,尽可能还原数据的完整性。

(4)数据分析

用户留存分析。计算用户留存率:将注册用户按时间区间(如每月)进行分组,统计每个分组内注册用户在后续不同时段(1个月后、2个月后等)的购买用户数量,通过公式"留存用户数÷注册用户数"计算留存率。运用Excel数据透视表能够高效完成分组统计,进而深入分析不同时间段的用户留存状况。

分析流失用户特征:精准筛选出仅购买一次后便不再复购的用户,全面观察其注册时间、购买的水果品类、是否参与过促销活动等数据,从中总结流失用户的共性特征,为制定针对性策略提供依据。

用户忠诚度分析。依据购买次数和累计消费金额划分用户等级:设定购买次数多且累计消费金额高的用户为高忠诚度用户;反之,则为低忠诚度用户。利用Excel的IF函数,可便捷地实现用户等级的快速划分。

分析会员与非会员差异：详细对比会员用户与非会员用户在购买次数、平均购买间隔天数、累计消费金额等方面的差异，深入观察会员体系对用户消费行为产生的影响。

研究促销活动参与度与忠诚度关系：全面统计参与不同次数促销活动用户的购买情况，深入剖析促销活动在提升用户忠诚度方面发挥的作用。

（5）数据可视化

制作折线图：清晰展示不同时间段用户留存率的变化趋势，让用户留存情况随时间的波动一目了然。

绘制柱状图：直观对比不同用户等级（依据忠诚度划分）的用户数量，清晰呈现用户忠诚度的分布状况。

设计饼图：准确呈现会员用户与非会员用户在总用户中的占比，以及各自贡献的消费金额占比，突出会员体系的价值。

对图表进行美化：添加清晰明了的标题、准确的坐标轴标签，合理调整颜色与字体，使图表简洁美观、易于理解。

（6）策略制定

学生根据数据分析和可视化成果，构思提升用户留存率与忠诚度的新媒体营销策略。比如，针对留存率较低的时间段，策划限时专属优惠活动；为高忠诚度用户提供定制化服务与专属福利；优化会员体系，设置更具吸引力的会员权益，吸引更多用户加入；创新促销活动形式与内容，如推出"买一赠一""满减抽奖"等活动，提高用户参与度。

学生撰写一份简短的策略报告，内容涵盖数据分析结论、具体提升策略及预期效果，字数控制在300字左右，要求逻辑清晰、策略可行。

成果提交与评议：

（1）各小组组长在规定时间内提交结果，并进行展示。

（2）在展示过程中,认真听取老师的评价与分析,并由副组长在任务单中做好记录。

表6.5 任务单

任务名称		小组名称	
日期		时间	
组长		副组长	
其他成员			
任务讨论及说明			

续表

方案实施过程

存在的问题以及解决方案

结果展示及说明

评分	

反思与总结	
优点	缺点

课后·测

一、填空题

1. 专属福利是_____中的关键要素,能够通过提供个性化的、具有情感价值的福利,增强用户对品牌的_____。

2. 品牌需要遵守_____。这些法规要求企业必须明确告知用户收集其数据的用途,并在进行数据收集时获得用户的明确同意。

3. 留存率高的用户往往具有更高的忠诚度和复购率，为企业带来的价值远高于_____的用户。

4. 品牌方可以通过数据驱动的个性化推荐增强_____的情感连接。

5. 核心用户通常是_____，他们对品牌的黏性高，参与度也较高，因此品牌方可以优先考虑向这些用户提供会员制或长期奖励计划。

二、选择题

1. 一般来说，用户行为数据可以分为（　　）。
   A. 点击行为　　　B. 浏览行为　　　C. 互动行为　　　D. 购买行为

2. 用户痛点的识别则更多依赖于对（　　）等行为的分析。
   A. 用户流失　　　B. 放弃购买　　　C. 未完成任务　　D. 活跃度

3. 用户画像的构建通常基于多维度的数据，这些数据不仅包括用户的行为数据，还涵盖了（　　）。
   A. 人口统计数据　B. 年龄　　　　　C. 兴趣偏好　　　D. 历史互动记录

4. 用户分层策略的基础是用户行为数据的分类和分析，常见的分层方法有（　　）。
   A. 用户活跃度　　B. 价值贡献　　　C. 行为特征　　　D. 兴趣偏好

5. 在用户细分策略中，数据驱动的用户画像构建同样重要。品牌可以根据用户的（　　）完成。
   A. 行为数据　　　B. 兴趣标签　　　C. 购买习惯　　　D. 活跃度

项目七

数据驱动的营销决策

教学目标

知识目标：
1. 了解数据营销中评估数据的获取途径
2. 熟悉评估数据指标体系的搭建
3. 掌握数据驱动营销效果的分析方法

技能目标：
1. 能够使用数据分析工具阐述数据营销效果评估指标的含义
2. 能够使用营销模型进行数据营销效果分析

素养目标：
1. 具备数据分析、量化分析的思维习惯
2. 能够树立创新意识、具有创新精神
3. 能够和团队成员协商，共同完成实训

项目引导

通过一段时间的短视频与直播营销，助农小组遇到了新的问题：为什么有的水果营销短视频 3 小时内能突破 10 万播放量，而有的却连 500 推荐量都难以达到？为什么某场直播的观众转化率高达 25%，而同类水果直播却只有 8%？

通过仔细研究，发现这些差异的背后，是对数据的解读，是数据运用能力在起作用。当我们用镜头记录水果的同时，更需要学会用数据"翻译"消费者的真实需求。助农小组发现每一次直播观众的停留时长、每一条短视频的点赞和转发数据，都藏着助农增收的"数字密钥"，今天我们要用数据思维来破解农产品营销难题。

■ 思维导图

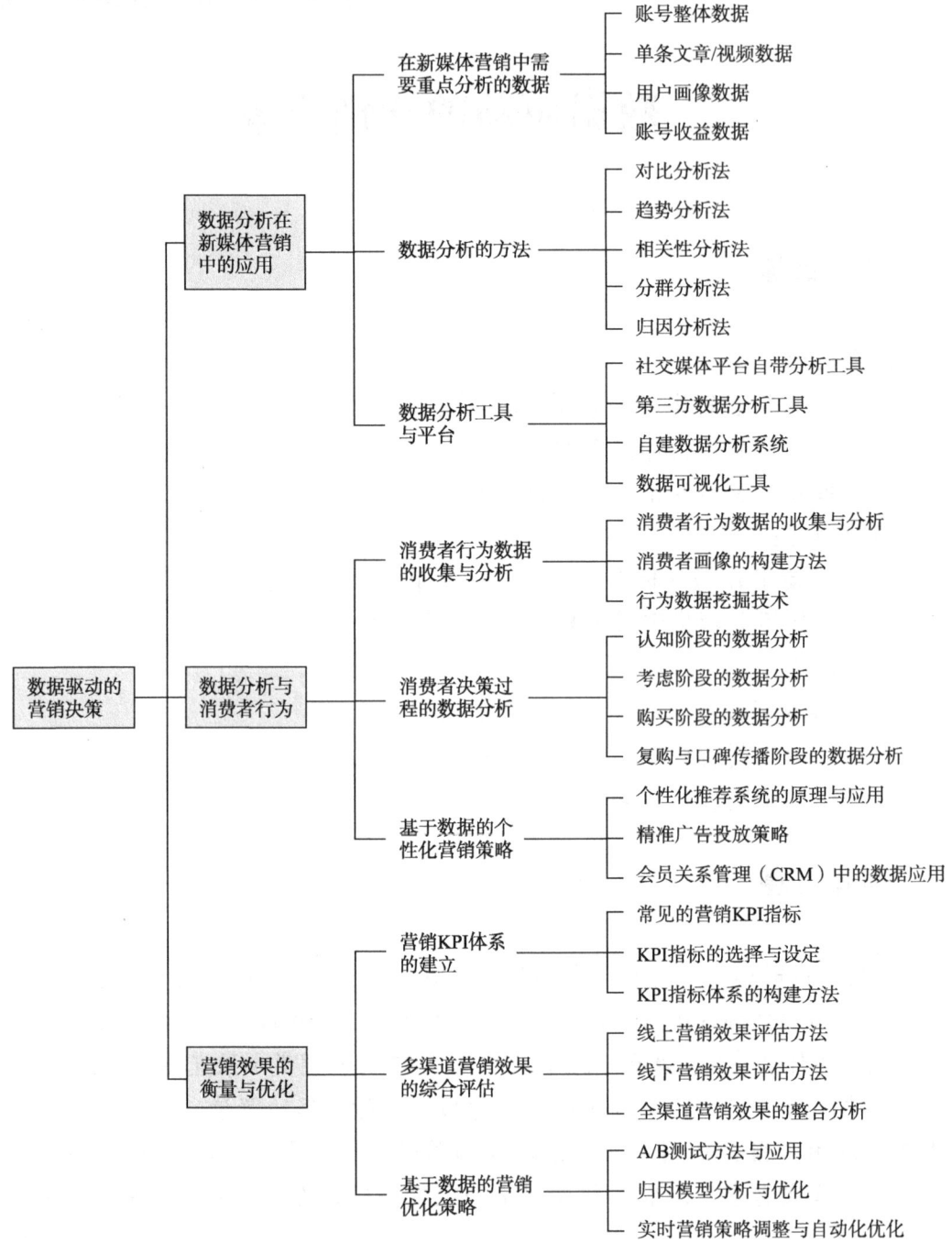

课前·思

1. 数据分析过程中常用的分析工具有哪些?

_____
_____
_____

2. 如何将数据更清晰、更准确地呈现出来?

_____
_____
_____

课中·学

任务一 数据分析在新媒体营销中的应用

一、在新媒体营销中需要重点分析的数据

在社交媒体和内容平台上进行营销时,数据分析是衡量营销活动成效和制定优化策略的核心手段。通过深入分析账号整体、单条内容、用户画像和收益数据,品牌能够有效提升其社交媒体运营表现,并提高用户参与度和转化率。

（一）账号整体数据

1. 粉丝增长率

粉丝增长率显示了在特定时间段内,账号新增加的粉丝数量相对于之前粉丝基数的增长幅度。品牌方可以通过该数据判断其内容或营销活动是否吸引了新的用户关注。如果增长率出现停滞或下降,可能意味着内容策略需要调整,或者营销活动的引流效

果不佳。

2. 互动率

互动率能够反映用户对品牌内容的感兴趣程度和参与度。高互动率意味着内容吸引了大量的用户参与，也表明品牌与粉丝之间的联系更加紧密。互动率不仅能衡量内容的表现，还能指导品牌优化互动策略，提高用户黏性。

3. 覆盖率

覆盖率指的是账号内容触达了多少用户，反映了内容的传播广度。它可以帮助品牌方评估其内容的潜在影响力，了解内容在目标受众中的渗透程度。覆盖率通常与平台算法相关，品牌方需要通过优化内容质量、使用合适的标签、选择正确的发布时间等方式提高覆盖率，确保能够使更多的用户看到内容。

4. 转化率

转化率衡量的是从浏览、互动到实际购买或执行某一特定行为（如填写表单、订阅服务）的用户比例。这是营销的核心数据之一，因为它直接反映了内容或广告的实际商业效益。品牌方可以通过分析哪些内容或活动具有更高的转化率，优化营销策略以提升整体的营销效果。

（二）单条文章/视频数据

浏览量或播放量表示单条内容被观看的次数，是衡量内容吸引力的基础指标。高浏览量意味着内容获得了广泛的用户关注，可能是由于标题吸引、图片视觉效果出色、内容新颖等因素。对于视频内容，播放量更能显示用户对动态视觉内容的偏好。

点赞数反映了内容的受欢迎程度，而评论数和转发数则显示了用户对内容的深度参与。转发行为尤其重要，因为它可以将内容传播到更广泛的用户网络，进一步提升品牌曝光率。品牌方可以通过鼓励用户评论和分享内容来推动内容的二次传播。

完播率表示观看视频到最后的用户比例。完播率高的内容意味着视频具有较强的吸引力和留存力。如果完播率较低，品牌需要审视视频的长度、开头是否足够吸引人，以及视频内容是否有持续的吸引力。

停留时间表示用户在浏览或观看某一内容时的平均停留时间。更长的停留时间通常意味着用户对内容的兴趣较高。品牌方可以通过分析哪些类型的内容能吸引用户停留更久，从而优化其内容策略，提升用户的深度参与。

（三）用户画像数据

1. 人口统计学特征

人口统计学特征包括用户的性别、年龄、地域等基本信息。品牌方可以根据这些数据了解受众的总体特征，确保内容的制作和传播符合目标用户群体的需求和偏好。

例如，如果主要受众为年轻人，品牌可以调整内容风格以增强年轻化特质。

2. 兴趣偏好

用户的兴趣偏好数据有助于品牌制定个性化内容和营销策略。通过分析用户在平台上喜欢的主题、参与的活动和关注的领域，品牌方可以制作更加契合用户兴趣的内容。例如，了解用户对科技、时尚、运动等领域的兴趣，可以帮助品牌进行精准内容推送，提高用户的参与度。

3. 活跃时间

活跃时间是指用户在社交媒体平台上活跃的时间段。通过分析用户何时最活跃，品牌方可以选择最佳的发布时间，以确保内容能够在用户最关注的时刻发布，从而提高内容的可见性和互动率。

4. 消费行为

消费行为数据能够帮助品牌理解用户的购买决策过程和偏好，包括用户的购买频率、消费金额、支付方式等。这些数据为品牌优化营销策略和提供个性化推荐提供了有力支持，能够有效提升转化率和客户终身价值（CLV）。

（四）账号收益数据

1. 广告收入

对于依赖广告收入的账号来说，广告展示量、点击率和广告投放回报率是衡量其经济效益的关键指标。品牌方可以根据广告收入数据，评估其广告策略的有效性，并优化广告形式和目标受众选择，以使收益最大化。

2. 直接销售收入

直接销售收入是指通过社交平台销售商品或服务所获得的收入。品牌方可以通过直播、短视频购物等形式直接向用户销售产品。分析这一数据可以帮助品牌判断内容带货的效果，以及不同推广策略对销售的影响。

3. 粉丝增值服务收入

粉丝增值服务收入是通过向忠实粉丝提供付费会员服务、专属内容或虚拟礼物等获得的收入。品牌方可以通过提供高价值的增值服务，进一步提升收益。

4.ROI 分析

投资回报率（ROI）是衡量营销活动成效的最终指标。品牌方需要计算投入成本与所获得收益的比值，确定哪些营销活动能够带来更高的收益。通过分析短视频、直播、广告投放等活动的 ROI，品牌可以优化预算分配，提升整体营销的效率和效益。

二、数据分析的方法

在社交媒体营销中，数据分析是优化决策、提高效率的关键工具。通过使用多种数据分析方法，品牌方能够更好地理解用户行为、评估内容效果，并优化整体的营销策略。

（一）对比分析法

对比分析法通过比较不同数据集，帮助品牌方识别变化、差距和潜在的改进空间。品牌方可以采用以下几种对比方式来全面了解其营销表现：

1. 历史数据对比

历史数据对比指的是将当前数据与之前的同类数据进行比较。例如，品牌可以比较当月的粉丝增长率与前几个月的增长情况，了解趋势是否向好，是否需要进一步优化。这种分析能够帮助品牌确定哪些内容和策略在过去有效，哪些表现不佳，从而指导未来的策略制定。

2. 同行数据对比

通过分析行业内其他品牌的表现，品牌可以获得其营销策略的参考点。例如，品牌方可以将自己的内容互动率与竞争对手进行对比，评估其内容表现的相对优势或不足。同业对比能够帮助品牌识别市场中的差异化竞争机会，并快速调整策略以应对市场变化。

3. 跨平台数据对比

跨平台数据对比能够评估品牌在不同平台上的营销效果。通过对比不同平台的用户互动率、覆盖率、转化率，品牌可以判断哪些平台对目标受众的影响较大，并据此优化资源分配和内容策略。

（二）趋势分析法

趋势分析法通过分析数据在不同时间段的变化，帮助品牌方理解数据的走向，预测未来趋势。常用的趋势分析方法包括：

1. 时间序列分析

时间序列分析用于观察数据随时间的变化。例如，品牌方可以分析一年的粉丝增长趋势，发现哪些时间段粉丝增长最快，以及是否存在周期性的变化。这有助于品牌预测未来的表现并提前做出调整。

2. 季节性分析

季节性分析侧重于识别数据中的季节性波动，例如电商平台在"双十一"等促销时期的流量激增，或是节假日期间的用户活跃度变化。品牌方可以根据这些规律，提前制定针对性的营销活动，以充分利用这些高峰期。

3. 周期性分析

周期性分析用于识别长时间内的重复性趋势。例如，一些品牌方可能会发现用户的购物频率存在年度或季度周期，通过这些分析，品牌方能够更精准地规划营销活动和资源分配。

(三) 相关性分析法

相关性分析法能够帮助品牌识别不同变量之间的关系，从而理解某些因素是如何影响营销的表现和结果的。常见的相关性分析包括：

1. 内容特征与表现的相关性

通过分析不同内容特征（如视频时长、标题风格、图片质量等）与用户互动率或转化率的相关性，品牌可以优化其内容策略，确保发布的内容符合用户的喜好和需求。

2. 用户行为与转化率的相关性

品牌方可以通过分析用户的行为（如页面停留时间、点击频率、浏览路径等）与最终转化率之间的关系，找出哪些行为预示着用户更有可能进行购买或其他目标行为。

3. 营销活动与营销结果的相关性

通过分析不同营销活动（如广告投放、社交媒体互动、邮件营销等）与实际结果（如销售增长或用户获取）的关系，品牌方可以评估每项活动的有效性，并决定未来资源的最佳分配方式。

(四) 分群分析法

分群分析法通过将数据分组进行分析，帮助品牌方更精准地理解不同用户群体、内容或渠道的表现。这有助于品牌优化其个性化营销策略。

1. 用户分群

用户分群是将用户根据特定属性（如年龄、地域、购买历史等）分组，品牌方可以通过分析不同群体的行为差异，制定具有针对性的内容策略或促销活动。例如，年轻用户可能更倾向于观看短视频，而中老年用户则更喜欢图文内容。

2. 内容分群

通过将内容类型（如产品推介、娱乐性内容、教育性内容等）进行分群，品牌方可以分析哪些内容类型的表现更好，从而更精准地规划未来的内容发布策略。

3. 渠道分群

品牌方可以对不同推广渠道（如社交媒体平台、搜索引擎、电子邮件等）进行分群分析，评估各渠道的转化率和投入回报率，确保在高效渠道上加大投入。

(五) 归因分析法

归因分析法用于识别并衡量多种渠道或触点对最终结果（如销售转化）的贡献。品牌通过归因分析可以了解营销活动中的不同环节对最终结果的作用。常见的归因模型包括：

1. 最后点击归因

这种模型将转化的全部功劳归于用户最后一次点击的触点。例如，用户点击了一次广告并最终完成购买，最后点击归因会认为该广告是唯一的转化贡献者。

2. 首次点击归因

首次点击归因模型则将转化的功劳归于用户最初接触品牌的触点。例如，如果用户通过搜索引擎首次接触品牌并最终完成购买，搜索引擎将被认为是主要的促成因素。

3. 多渠道归因模型

多渠道归因模型更加复杂，它会将转化的功劳分配给用户接触品牌的所有重要触点。例如，用户可能通过社交媒体首次了解品牌，随后通过电子邮件促销完成购买。在这种情况下，社交媒体和电子邮件都会被视为有贡献的渠道。

三、数据分析工具与平台

（一）社交媒体平台自带分析工具

我国的主要社交媒体平台，如微信、微博、抖音等，都为品牌提供了内置的分析工具，方便品牌快速获取基本的数据洞察。

在微信公众平台上，品牌方可以通过后台查看粉丝增长和文章阅读量、分享量、留言互动等数据。比如，微信会提供关于文章标题的点击率、头图的打开率等详细数据，帮助品牌优化其内容的呈现形式。此外，微信还提供了转发率和用户在不同时间段的阅读习惯，便于品牌掌握发布时机。微博数据中心则提供粉丝增长、互动率（点赞、评论、转发）等数据，帮助品牌分析其内容传播的广度和深度。微博的热点话题和用户活跃度分析功能能够帮助品牌找到参与热点话题的最佳时机，从而提高曝光度。而在抖音平台，创作者和品牌可以通过后台详细了解视频的播放量、点赞数、评论数、转发数等数据，以及视频的完播率和用户停留时间。通过这些数据，品牌能够更精准地判断哪些类型的短视频最受欢迎，从而进一步优化其视频内容策略。

社交媒体平台自带的分析工具是进行基础数据分析的有效起点，尤其适合品牌方了解某一内容的即时表现和初步反馈。

（二）第三方数据分析工具

对于需要跨平台整合和更深入分析的品牌来说，第三方数据分析工具能够提供多维度的数据支持。

巨量算数是字节跳动推出的一款大数据分析平台，专注于抖音等平台上的用户行为和内容趋势分析。品牌方可以通过巨量算数查看平台热门话题、用户兴趣、区域分布等数据，帮助其精准策划内容并进行广告投放。此外，巨量算数还提供广告投放效果的详细分析，品牌方可以通过它监测广告的投放效果和投资回报率（ROI）。新榜是针对微信公众号、抖音、微博等多个平台的数据监测工具，品牌方可以通过它追踪内容的阅读量、互动量及用户增长等，并生成内容运营报告。新榜的行业榜单功能还能让品牌了解行业内的竞争情况和内容风向，便于优化其社交媒体策略。微热点是另一款专注于社交媒体舆情监测的工具，通过实时监测微博、微信、知乎、抖音等平台上的用户讨论和评论，帮助品牌方及时了解舆论走向，尤其适合品牌方进行危机公关和品牌声誉管理。

第三方分析工具的优势在于其强大的跨平台整合能力和对社交媒体全局的把握，尤其适合需要在多个平台上同时运营的品牌。

（三）自建数据分析系统

对于大型品牌和企业，尤其是那些对数据分析有高度需求的公司，选择自建数据分析系统是一种可行且高效的方案。自建数据系统的优势在于能够将品牌的内部数据（如销售数据、用户信息等）与社交媒体数据进行整合，形成一个全面的品牌数据资产。

例如，阿里云提供了强大的数据分析与处理能力，企业可以通过阿里云的大数据解决方案构建定制化的数据分析系统，将社交媒体数据与企业的客户管理系统（CRM）相结合。通过这样的系统，品牌方可以深入分析用户的生命周期价值（LTV）、精准投放广告，并利用个性化推荐来优化用户体验。自建系统能够灵活定制报表和分析模型，适合那些需要处理大量数据并希望进行深度数据挖掘的品牌。此外，企业还可以通过自建系统对接多个社交媒体平台的数据接口，进行实时的跨平台数据分析和决策优化。

虽然自建数据分析系统需要较高的技术投入，但它能够为品牌提供极高的灵活性和数据资产的独立性，使品牌能够根据自身需求进行个性化的数据处理与决策支持。

（四）数据可视化工具

为了更好地理解和呈现复杂的社交媒体数据，数据可视化工具在数据分析过程中至关重要。通过数据可视化，可以将大量的数字和信息转化为直观的图表和报表，便于决策者快速抓取关键信息。

百度的 ECharts 和阿里的 DataV 都是中国本土化的数据可视化工具，它们为品牌提供了多种定制化的数据可视化解决方案。通过这些工具，可以将复杂的数据，如粉丝增长、用户行为、互动率等，直观地呈现为趋势图、饼状图、热力图等，帮助管理层快速洞察数据背后的趋势和问题。此外，Tableau 和 Power BI 等国际化的数据可视化工具也在中国市场广泛使用，这些工具不仅支持实时数据更新，还可以与第三方数据源无缝对接，使得数据分析更加智能化和直观。

通过使用数据可视化工具，品牌方能够更高效地分析数据，快速做出反应，特别是在数据量大、需要进行复杂决策的情况下，可视化工具能够极大提升分析和汇报的效率。

课内拓展

App 营销

二维码营销

课中·练

百度指数工具运用

百度指数，如同互联网时代的"市场听诊器"，能精准捕捉大众对各类事物的关注度。以水果为例，通过百度指数，我们可以清晰看到不同水果在不同时间、地域的搜索热度变化。比如，夏季来临，西瓜、桃子的搜索量往往大幅攀升，反映出当下市场需求的火热；而某些小众特色水果在特定区域的高搜索指数，则暗示着潜在的地域消费偏好与市场机遇。

助农小组将运用百度指数深入分析水果市场。首先，选择一种感兴趣的助农水果，梳理其近一年在全国及重点区域的搜索趋势，洞察淡旺季规律；其次，挖掘与该水果相关的热门搜索词，分析消费者关注点，如品种、口感、价格、产地等；最后，依据分析结果，为助农水果制定线上推广、销售渠道拓展等可行性策略。

通过百度指数，大家不仅能掌握利用大数据分析市场的实用技能，更能切实为助农水果产业发展贡献智慧，在实践中感受乡村振兴的时代脉搏，体会学以致用的成就感。

任务要求：

（1）4—6 人为一组，分组完成规定的任务。

（2）通过百度指数工具（百度指数官网：https://index.baidu.com/，免费注册，支持多关键词对比），对"新鲜脆甜苹果""产地直发苹果"等关键词开展趋势研究、需求图谱研究及用户画像研究，描述用户画像，梳理用户痛点，同时明确企业将如何开展新媒体平台内容策划和活动策划。

任务实施:

(1) 明确目标与选品定位

①确定助农水果品类

根据地域资源(如家乡特产、合作果园等)或社会热点(如滞销新闻),选定1—2种助农水果(如赣南脐橙、烟台樱桃等)。

百度指数应用:通过百度指数的"需求图谱"功能,输入初步候选水果名称,对比不同品类的全国搜索热度、地域分布及用户关注度(如"新鲜水果""应季水果"等关联关键词),筛选出既有市场基础又存在助农空间的品类。

②锁定目标市场

操作步骤:在百度指数"地域分布"模块,查看目标水果的搜索热度TOP10省份/城市,判断主销区域(如南方水果在北方的潜在市场,或北方水果在南方的差异化需求)。

结合物流成本、电商平台销售数据(如某地区冷链覆盖率),进一步缩小目标范围(例:若某水果在华东地区搜索量高且物流便利,可优先作为推广重点)。

(2) 数据采集与趋势分析

时间维度:挖掘淡旺季规律

操作步骤:在百度指数中设置时间范围(建议近1年),观察目标水果的搜索指数波动曲线。

标注关键节点:如峰值期(节假日、应季上市前)、低谷期(换季或竞品集中上市时)。

应用场景:若发现某水果在春节前2个月搜索量激增,可规划"年货节"促销活动;若夏季搜索量下降,需思考反季销售策略(如加工成果干、果茶等)。

关键词拓展:洞察用户需求

热搜词分析:通过"需求图谱"查看用户搜索目标水果时的关联关键词(如"××水果怎么挑""××水果保存方法""××水果价格"),判断消费者痛点与兴趣点。

人群画像:在"人群画像"模块,分析搜索用户的年龄、性别、地域分布(如年轻女性更关注"低糖水果""美容养颜",中老年群体更关注"性价比""健康功效")。

案例参考:若发现"孕妇能吃××水果吗"搜索量较高,可针对性制作"孕妇友好水果"科普内容,精准触达特定人群。

(3) 竞品与差异化分析

①竞品对比

操作步骤:

在百度指数中添加竞品水果(如助农产品为猕猴桃,可对比"苹果""橙子"等常见水果),分析搜索指数趋势、用户关注度差异。

重点关注竞品的峰值期与营销节点（如某品牌在"双11"通过直播带货推高搜索量），借鉴其成功经验。

②差异化定位

数据支撑：若目标水果在"有机""绿色认证""产地故事"等关键词上搜索量上升，可强化"原生态种植""助农溯源"等卖点（例：结合百度指数中"乡村振兴"相关词的热度，设计"买水果助脱贫"传播主题）。

若竞品主打"口感"，可聚焦"营养成分""便携包装"等差异化维度，通过百度指数验证用户对该维度的关注度（如"小包装水果"搜索量年增长30%，可开发便携装）。

（4）策略制定与执行

①线上推广策略

内容营销：根据"热门搜索词"制作短视频/图文内容（如针对"××水果吃法"搜索量高，拍摄"10种创意水果甜品教程"）。

在抖音、小红书等平台投放时，结合百度指数的"人群画像"定向推送（如向25—35岁女性推送"美颜水果食谱"）。

关键词优化：在电商平台商品标题、详情页中嵌入高搜索关键词（如"当季新鲜××水果 产地直供 坏果包赔"），提升搜索排名。

②销售渠道拓展

渠道选择：若百度指数显示某地区线下商超搜索量高（如"××超市水果促销"），可联系当地商超设置助农专区；若"社区团购"关键词热度上升，可对接社区团长开展拼团活动。

节点营销：结合搜索指数峰值期，提前1—2周启动预售（例：某水果搜索量在9月开学季上升，可推出"学生特惠礼盒"，搭配"开学季助农"话题传播）。

（5）效果监测与迭代

①数据复盘

定期（每周/每月）对比百度指数中目标水果的搜索量变化，分析营销活动对指数的拉动效果（如直播带货后搜索量是否增长）。

结合电商后台销售数据，验证"搜索热度—销量"相关性（例：某关键词搜索量增长20%，对应时段销量是否同步提升）。

②策略迭代

若某推广渠道效果不佳（如微博话题阅读量高但转化率低），可参考百度指数的"人群画像"调整投放平台（如转向微信社群运营）。

根据用户新需求（如冬季出现"热饮水果"搜索趋势），快速开发衍生产品或内容（如"暖身水果茶配方"）。

成果提交与评议：

（1）各小组组长在规定时间内提交结果，并进行展示。

（2）在展示过程中，认真听取老师的评价与分析，并由副组长在任务单中做好记录。

表 7.1 任务单

任务名称		小组名称	
日期		时间	
组长		副组长	
其他成员			
任务讨论及说明			
方案实施过程			
存在的问题以及解决方案			
结果展示及说明			
评分			

续表

反思与总结	
优点	缺点

课中·学

任务二 数据分析与消费者行为

一、消费者行为数据的收集与分析

（一）消费者行为数据的收集与分析

消费者行为数据的类型多样，涵盖了用户与品牌在不同触点的互动过程。品牌方通常从多个渠道收集消费者行为数据，以全面理解用户的习惯和偏好。在社交媒体平台上，用户的互动行为，如点赞、评论、分享、视频完播率和浏览时长，能够反映用户对内容的兴趣。这些数据为品牌提供了判断内容效果和用户参与度的基础。此外，品牌官网和电商平台的数据也是消费者行为分析的重要来源。用户在网站上的浏览路径、点击热点、加入购物车的行为，以及最终的购买转化，能够帮助品牌追踪用户的购买历程，识别影响购买决策的关键因素。

移动应用数据也提供了大量关于消费者行为的线索。通过分析用户在品牌 App 中的使用情况，如功能使用频率、停留时间、产品收藏和订单历史等，品牌可以优化应用设计，并为用户提供更加个性化的服务。客户反馈和舆情数据同样重要，品牌方可以从社交媒体评论、在线评价以及客户反馈表中提取有价值的信息，了解用户对产品的情感反应和改进建议。线下行为数据，如门店消费记录、会员卡使用情况等，也可以与线上数据结合，为品牌提供更完整的用户画像和消费偏好分析。

（二）消费者画像的构建方法

构建精准的消费者画像是品牌制定个性化营销策略的关键步骤。消费者画像不仅仅是基于基本的人口统计数据，还结合了多维度的信息，帮助品牌更好地理解其用户群体。首先，品牌方通过收集性别、年龄、地域、职业等人口统计数据，初步划分用户群体。这类数据可以从用户注册信息、社交媒体平台的数据报告或市场调研中获取。

其次，兴趣和偏好的分析也是构建消费者画像的重要部分。品牌可以通过用户在社交媒体上的互动行为、内容消费习惯，了解他们的兴趣领域。例如，品牌方可以分析哪些类型的帖子或视频更容易获得用户的点赞和转发，从而推断出用户的偏好。除了内容偏好，消费行为数据也能进一步完善用户画像。用户的购买频率、客单价、支付方式和渠道选择等数据，可以帮助品牌识别出高价值用户、潜在流失用户或忠诚客户，从而制定针对性的营销策略。

最后，品牌还可以通过用户的评论和反馈，分析用户心理与态度。消费者对品牌的情感态度、对产品的满意度和对价格的敏感度，能够通过社交媒体上的评论和在线调查反馈体现出来。行为路径分析则是另一个重要维度，品牌可以追踪用户从首次接触到最终购买的全过程，分析在此过程中用户遇到的障碍，从而优化整个转化流程。这些多维度的分析，可以帮助品牌形成全面精准的消费者画像，为细分市场和个性化营销提供有力的支持。

（三）行为数据挖掘技术

行为数据挖掘技术是通过深入分析消费者的行为数据，挖掘出隐藏的模式和规律，帮助品牌在营销中做出更加精准的决策。聚类分析是一种常用的技术，品牌方通过将行为特征相似的用户群体分组，可以识别出不同类型的用户。例如，品牌方可以将用户分为高频购买用户、偶尔购买用户和潜在流失用户，针对不同群体制定相应的营销策略。对于高频购买用户，品牌方可以通过定制的奖励计划增强其忠诚度，而对于潜在流失用户，则可以通过个性化优惠吸引他们重新活跃。

关联规则分析则可以帮助品牌发现用户的消费习惯和产品搭配偏好。通过分析哪些产品经常被一起购买，品牌可以推出组合优惠或推荐相关产品，提高销售额和用户满意度。行为路径分析进一步揭示了用户在网站或应用中的行动轨迹，可以帮助品牌了解用户是如何从浏览产品到完成购买的。在这个过程中，品牌方可以识别出哪些环节可能导致用户流失，从而通过优化用户体验减少中途放弃购物的现象。

预测分析是另一种强大的工具，能够帮助品牌预估用户的未来行为。例如，品牌方可以通过历史购买行为数据，预测哪些用户可能会进行重复购买，进而推送个性化的促销信息。这不仅能提高转化率，还能增强用户的忠诚度。情感分析则通过自然语言处理技术分析用户的评论、反馈和社交媒体发言，帮助品牌方了解消费者对产品的情感态度。通过及时监控用户的情感变化，品牌可以快速做出反应，特别是在负面情感增加时，可以快速采取措施避免潜在的品牌危机。

二、消费者决策过程的数据分析

在消费者的购买决策过程中，品牌方需要通过数据分析深入理解用户在每个阶段的行为和心理变化。通过分析认知、考虑、购买、复购与口碑传播等阶段的用户行为数据，品牌方可以制定更加精准的营销策略，提升转化率和用户忠诚度。

（一）认知阶段的数据分析

认知阶段是消费者首次接触到品牌或产品的阶段，这通常是通过广告、社交媒体内容、推荐或其他宣传渠道来实现的。在这个阶段，品牌的目标是提高知名度，吸引消费者的注意力，促使他们开始对品牌或产品产生兴趣。

在认知阶段，数据分析的核心在于品牌曝光和初次互动。品牌方可以通过分析社交媒体平台上的浏览量、点击率、展示次数、广告覆盖率等数据来评估品牌的知名度和受众触达情况。例如，品牌方可以通过跟踪社交媒体上广告的点击率，了解哪些广告创意或信息能够有效吸引用户点击，从而制定出最佳的广告投放策略。广告的转化率也可以帮助品牌判断广告投放的效果，找出哪些渠道的用户最有可能进一步进入考虑阶段。

社交媒体互动数据也能为品牌提供有价值的反馈，帮助其判断用户对品牌的初步印象。通过分析这些数据，品牌方可以优化其传播内容，增强品牌的吸引力和曝光效果，确保在认知阶段有效建立品牌形象。

（二）考虑阶段的数据分析

在考虑阶段，消费者已经对品牌或产品产生了初步兴趣，开始进行更加深入的研究和对比，寻找最符合其需求的产品或服务。品牌方在这个阶段需要通过数据分析来了解消费者的研究路径、兴趣点和顾虑，并提供针对性的内容来影响他们的决策。

在考虑阶段，品牌方可以分析用户的浏览行为，如在网站、App 或社交媒体上查看产品详细信息的次数、访问产品页面的频率、比较不同产品的行为等。停留时间和页面跳出率是评估用户兴趣的关键指标。较长的停留时间表明用户对产品有较高的兴趣，而跳出率较高则可能意味着用户在寻找某些信息时遇到了障碍。通过这些数据，品牌可以优化网站和产品页面的内容，确保用户能够轻松找到他们关心的信息。

搜索数据也是考虑阶段的核心。用户在搜索引擎、社交平台或品牌官网上输入的关键词可以反映他们的兴趣和需求。通过分析这些关键词，品牌方可以优化 SEO 策略、调整产品描述，甚至推出专门的内容营销策略来满足用户的信息需求。对于电商平台，购物车添加率和愿望清单数据也能反映用户的考虑过程，这些用户尚未完成购买，但表现出了较强的购买意向。

（三）购买阶段的数据分析

购买阶段是消费者做出最终购买决策并完成交易的关键时刻。在这一阶段，品牌方需要通过数据分析来确保整个购买流程的顺畅，并减少购买过程中可能存在的障碍，提升转化率。

在购买阶段，转化率是最核心的衡量指标。品牌方可以分析用户的购买路径，如从首次浏览到最终下单所经过的步骤。通过评估每个步骤的用户流失率，品牌方可以发现购买过程中可能导致用户放弃的瓶颈环节，例如支付流程复杂或缺乏灵活的支付选项。品牌方可以利用这些数据优化用户体验，简化购买流程，提高成交率。

放弃购物车行为也是购买阶段的重要分析点。许多用户在选择好商品并将其放入购物车后，仍然可能在最后一刻选择放弃购买。通过分析购物车放弃率和相关数据，品牌方可以了解用户放弃购买的原因，是否因为价格、配送时间等因素而影响了他们的决策，并采取措施（如推送优惠券或提醒邮件）挽回这些潜在的客户。

支付成功率、订单确认时间和订单取消率等数据也是衡量用户购买体验的重要指标。品牌方需要通过这些数据确保支付和物流环节的顺畅无误，减少技术问题对购买转化率的影响。

（四）复购与口碑传播阶段的数据分析

在购买完成后，消费者进入了复购与口碑传播阶段。在这一阶段，品牌的目标是通过数据分析提升用户的忠诚度，鼓励消费者的复购行为，同时利用用户的口碑效应扩大品牌的影响力。

复购率是品牌评估用户忠诚度的核心指标之一。通过分析用户的购买频率、重复购买行为以及不同时间段的消费习惯，品牌方可以识别出最具价值的忠诚客户，并针对这些客户设计个性化的促销活动或会员计划。此外，通过客户生命周期价值（LTV）的分析，品牌方可以估算每位客户在长期内的潜在价值，并据此优化营销预算和客户维护策略。

口碑传播方面，用户推荐率（NPS）是衡量品牌忠诚度的常用工具。品牌方可以通过定期的用户调查，了解消费者是否愿意向他人推荐品牌或产品。此外，分析消费者在社交媒体上对品牌的评论、分享和 UGC 内容（用户生成内容）也能帮助品牌评估口碑传播的效果。通过追踪这些内容，品牌方可以了解消费者对产品的情感态度，并及时响应用户反馈，增强用户对品牌的信任和满意度。

社交分享数据也是衡量口碑传播的重要指标，特别是在消费者自发为品牌推广的情况下，分享量和讨论量能够显著提升品牌的曝光度。通过激励用户生成内容（如发起挑战赛或通过打折促销鼓励用户晒图），品牌方可以增强消费者的参与感，并通过口碑效应扩大品牌的影响力。

三、基于数据的个性化营销策略

随着大数据和人工智能技术的快速发展，个性化营销成为品牌在竞争中脱颖而出的关键策略。通过分析消费者的行为数据，品牌方可以为用户提供更加个性化的体验。

(一)个性化推荐系统的原理与应用

个性化推荐系统利用用户的行为数据、历史偏好和兴趣标签,向用户推荐其可能感兴趣的内容、产品或服务。这种技术广泛应用于电商平台、社交媒体、内容平台等,能够帮助品牌提升用户体验并增加销售转化率。

个性化推荐系统的基本原理依赖于两种主要技术:协同过滤和内容推荐。协同过滤是通过分析用户的行为数据(如浏览、点击、购买、收藏等),找出与目标用户兴趣相似的群体,并根据这些相似用户的行为向目标用户推荐产品。例如,如果用户 A 和用户 B 有相似的购买记录,系统会向用户 A 推荐用户 B 浏览或购买的产品。这种基于用户群体行为的推荐方法,能够在大规模用户基础上实现精准的个性化推荐。

另一种常见的推荐技术是基于内容的推荐,它主要通过分析用户互动过的内容特征来生成推荐。例如,如果用户频繁浏览某种类型的文章、视频或购买特定品牌的产品,系统会向该用户推荐与其兴趣匹配的相关内容或商品。这种方法通过关键词、类别、标签等数据实现个性化推荐,更适合内容平台或产品种类丰富的电商平台。

推荐系统广泛应用于多个领域。在电商平台中,推荐系统通过展示个性化的商品推荐,提高了用户的购物体验和购买转化率。例如,亚马逊的推荐引擎通过分析用户的购买历史和浏览记录,向用户推荐个性化商品,极大地提升了销售额。在内容平台,如抖音和今日头条中,个性化推荐系统通过不断学习用户的观看习惯,精准推荐符合用户兴趣的视频和文章,增加了用户的使用时长和对平台的黏性。

(二)精准广告投放策略

精准广告投放策略旨在通过分析用户的行为、兴趣、地理位置和消费习惯等数据,向目标用户群体精准投放个性化的广告。通过精准投放,能够提高广告的点击率和转化率,避免无效的广告浪费。

精准广告投放的核心在于用户数据的收集和分析。品牌方可以通过各种渠道(如社交媒体平台、网站、移动应用等)收集用户的行为数据,包括用户的浏览历史、兴趣标签、购买记录等。此外,第三方数据来源也能为品牌提供关于用户的额外信息,如用户的地理位置、社交关系网络、年龄和性别等。这些数据能够帮助品牌在广告平台上创建更加精准的用户画像,从而进行高效的广告投放。

在具体的广告投放策略中,品牌方可以选择实时竞价广告(RTB),通过数据管理平台(DMP)分析用户行为,在合适的时机向精准的目标用户投放广告。例如,在用户搜索某一产品后,品牌方可以通过再营销广告向其展示相关产品广告,从而提高购买转化率。

此外,品牌方还可以利用社交媒体平台的广告工具,如抖音的巨量引擎、微博的广告投放平台等,进行精准的广告推送。这些平台为广告主提供了丰富的数据分析工具,可以根据用户的兴趣、互动行为、地理位置等多维度进行广告定向,从而实现高效的广告转化。例如,快消品牌可以通过分析年轻用户在社交平台上的行为,定向推送新产品广告,以快速占领年轻消费者市场。

精准广告投放策略通过最大限度地减少广告浪费和提高广告相关性,帮助品牌实现更高的投资回报率(ROI),并增强用户对品牌的认同感和忠诚度。

(三)会员关系管理(CRM)中的数据应用

会员关系管理(CRM)是品牌方通过维护和优化与客户关系的方式来提升用户忠诚度和终身价值(CLV)。在CRM系统中,数据的应用至关重要,因为它能为品牌提供有关用户行为、消费习惯、偏好和满意度的全面洞察。

CRM系统中的数据主要来源于品牌与用户的互动记录,包括用户的购买历史、售后服务、互动频率、社交媒体评论等。品牌方可以通过分析这些数据,细分用户群体,识别出高价值客户、潜在流失客户或需要唤回的用户。例如,品牌方可以通过分析用户的购买频率、客单价和活动参与情况,识别忠诚用户,并通过个性化促销、奖励计划等方式提高这些用户的复购率。

同时,CRM系统还能帮助品牌进行自动化营销。品牌方可以设定触发条件,在用户达到特定行为节点时自动发送个性化信息或优惠。例如,当用户在长时间内没有购买时,系统可以自动发送提醒邮件或提供专属优惠,重新吸引用户关注。通过这些基于数据的自动化营销策略,品牌方可以有效降低用户流失率,提高用户的终身价值。

在客户服务和售后管理方面,数据同样发挥着重要作用。品牌方可以通过CRM系统记录用户的投诉和反馈信息,及时了解用户的需求和问题,并通过数据分析发现常见的服务痛点,从而优化服务流程。此外,通过追踪用户的满意度和情感分析,品牌方可以及时应对潜在的负面情绪,提升客户体验,增强用户对品牌的忠诚度。

CRM系统中的数据应用帮助品牌更深入地理解用户行为和需求,使品牌能够在关键时刻通过精准的个性化营销措施与用户进行有效沟通。这不仅能够提高用户满意度和忠诚度,还能通过长期维护客户关系来提升品牌的市场竞争力。

■ 课内拓展

LBS营销的特点与发展趋势

LBS营销模式应用

课中·练

消费者画像构建

在乡村振兴的浪潮中,助农小组发现水果产业面临着"酒香也怕巷子深"的现实挑战:

他们发现某山区优质猕猴桃因不了解城市消费者偏好,按传统"大筐散装"模式销售,结果因包装简陋、缺乏健康概念支撑,销量不及预期;而另一团队通过消费者画像发现,一线城市25—35岁女性热衷"美容养颜水果",于是定制"猕猴桃+胶原蛋白"组合礼盒,搭配"熬夜救星"营销话题,首月销量突破10万斤。

这个案例让他们明白消费者画像如同助农水果的"数字导航仪"——它能让你看清"谁在买""为什么买""怎么买",避免凭经验盲目投入,真正让农产品从"种得好"走向"卖得俏"。

因此,他们这次要解决一个核心问题,即如何让助农水果从"大众产品"变成"特定人群的刚需选择"。

任务要求:

(1)4—6人为一组,分组完成规定的任务。

(2)通过百度指数及多维度数据工具,构建助农水果的精细化消费者画像,涵盖基础属性、行为特征、偏好需求等维度,为精准营销、产品设计及渠道优化提供数据支撑。

任务实施:

(1)确定组长与副组长,组长负责分工,副组长负责记录。

(2)数据采集与工具应用:百度指数核心数据提取。

①人群基础属性

操作步骤:登录百度指数(https://index.baidu.com/),输入目标水果名称(如"赣南脐橙"),切换至【人群画像】模块。

记录年龄分布(如19—24岁占比20%、25—30岁占比35%)、性别比例(如女性占60%)、地域分布(如搜索热度TOP3省份:广东、浙江、江苏)。

实训1:对比2种助农水果(如脐橙vs猕猴桃)的消费人群基础属性差异,制作"地域—年龄—性别分布对比表",如表7.2所示。

表7.2 地域—年龄—性别分布对比表

水果名称	年龄	性别	地域

续表

水果名称	年龄	性别	地域

②需求与行为特征

操作步骤：在百度指数网站的【需求图谱】中提取高频关联关键词（如"脐橙怎么挑""孕妇能吃脐橙吗""脐橙价格"），按"功能需求""情感需求""购买决策"分类。在【搜索趋势】中标记消费峰值时段（如春节前1个月搜索量环比增长80%），分析与节假日、季节的关联性。

实训2：在下方绘制目标水果的"消费者需求树状图"，标注各需求层级的关键词热度（例：核心需求"新鲜度"，关联词"产地直发"，热度值5000+）。

③补充数据采集（可选）

电商平台数据：通过淘宝生意参谋、京东商智查看目标水果购买用户的客单价（如30~50元订单占比45%）、评价关键词（如"酸甜适中""包装精致"）。

社交媒体数据：在微博、小红书上搜索目标水果话题，提取用户生成内容（UGC）中的情感倾向（如正面评价占比85%，高频词为"送礼体面"）。

（3）消费者画像构建维度与方法

基础属性层

表7.3 消费者画像构建维度

维度	数据来源	示例（以赣南脐橙为例）
地域	百度指数地域分布	核心市场：广东（以珠三角城市群为主）
年龄	百度指数人群画像	主力消费群：25—35岁（占比55%，已婚女性居多）
性别	百度指数人群画像	女性占比65%，男性占比35%
消费能力	电商平台客单价	中等消费：客单价40—60元，年货节期间提升至80元

行为与偏好层

购买动机：

自食需求：关联关键词"维生素C""低糖"（对应健康养生人群）。

礼品需求：关联关键词"礼盒装""送礼"（春节、中秋节前搜索量激增）。

渠道偏好：

百度指数显示"电商平台"搜索占比40%，"社区团购"占比25%，"线下超市"占比30%。

内容偏好：

短视频平台偏好：喜欢"果园采摘实录""水果开箱测评"类内容（完播率高于行业均值15%）。

心理与价值观层

情感连接：60%的用户认可"助农"标签，愿意为"乡村振兴""农户故事"支付溢价。

品质诉求：搜索"有机认证""无农药"关键词的用户复购率比普通用户高28%。

实训3：选择1种助农水果，综合百度指数及补充数据，构建可视化消费者画像图谱（推荐使用XMind、Figma等工具）。

图谱需包含：

基础属性（地域、年龄、性别分布热力图）。

核心需求标签（如"健康养生""节日送礼""高性价比"）。

典型用户故事（例："都市白领林女士，28岁，坐标广州，每月购买2次脐橙，关注产地故事，常作为下午茶分享给同事"）。

实训4：成果应用模拟。

场景演练：根据客户画像设计精准营销策略。

针对"25—35岁女性礼品需求"：开发"国风礼盒＋手写祝福卡片"，在小红书上投放"职场送礼指南"内容，搭配"助农公益"话题标签。

针对"中老年健康需求"：在社区团购平台推送"脐橙维生素C含量科普"图文，强调"产地直发新鲜度"。

成果提交与评议：

（1）各小组组长在规定时间内提交结果，并进行展示。

（2）在展示过程中，认真听取老师的评价与分析，并由副组长在任务单中做好记录。

表7.4 任务单

任务名称		小组名称	
日期		时间	
组长		副组长	
其他成员			
任务讨论及说明			
方案实施过程			
存在的问题以及解决方案			
结果展示及说明			
评分			
反思与总结			
优点		缺点	

课中·学

任务三 营销效果的衡量与优化

一、营销 KPI 体系的建立

在新媒体营销中，关键绩效指标（KPI）的设定是衡量营销活动成效的核心工具。通过建立完善的 KPI 体系，品牌能够实时追踪营销表现、优化策略，并确保资源投入获得最大回报。KPI 体系的建立不仅需要明确指标，还需要根据不同的营销目标和渠道进行定制化设计。

（一）常见的营销 KPI 指标

在新媒体营销中，常见的 KPI 指标涵盖了品牌知名度、用户互动、转化效果和客户忠诚度等多个方面。这些指标有助于品牌从不同角度评估其营销活动的效果。

曝光量和覆盖率：这是衡量品牌内容在社交媒体平台上的展示次数以及触达用户数量的核心指标。通过曝光量，品牌可以了解其内容在目标受众中的传播广度。覆盖率（Reach）则表示品牌内容覆盖了多少独立用户，是衡量品牌影响力的重要指标。

互动率：互动率是指用户与品牌内容进行互动的频率，通常包括点赞、评论、转发和分享等行为。高互动率意味着用户对品牌内容产生了兴趣和共鸣，能够有效提升品牌的社交媒体存在感。

点击率（CTR）：点击率反映了用户对广告或社交内容的兴趣，表示用户在看到广告或内容后点击相关链接的比例。CTR 是评估广告效果和内容吸引力的重要指标，尤其在流量导向型营销活动中非常关键。

转化率：转化率是衡量营销效果的核心 KPI，反映了内容或广告对用户产生的实际影响，如用户购买、注册、填写表单等具体行为。通过转化率，品牌方可以直接评估营销活动的商业价值。

客户获取成本（CAC）：这是品牌获取新客户所需要支付的成本，通常用于衡量广告投放或其他营销费用的有效性。较低的 CAC 意味着品牌以更高效的方式获取客户，是优化营销预算的重要参考指标。

客户终身价值（CLV）：客户终身价值代表了每位客户在其整个生命周期中为品牌带来的收入总和。CLV是衡量客户忠诚度的重要指标，帮助品牌评估其长期投资回报。

（二）KPI指标的选择与设定

在新媒体营销中，KPI的选择与设定应依据品牌的营销目标、业务类型、用户群体以及平台特点进行量身定制。不同的营销目标会对应不同的KPI组合，确保品牌能够有效跟踪营销进度和评估效果。

首先，品牌方需要明确其营销目标。对于品牌知名度提升型的目标，品牌方应更加关注曝光量、覆盖率、互动率等指标，这些指标能够反映品牌在用户中的知名度和内容受欢迎的程度。而对于提升销售和转化的目标，转化率、点击率、客户获取成本等则成为核心指标，通过这些KPI可以直接衡量营销活动的实际商业价值。

其次，KPI的设定应具有可衡量性和可操作性。每个KPI必须有具体的数字标准，并且能够通过数据分析工具进行量化。比如，品牌方可以设定社交媒体内容的互动率目标为5%，或广告点击率目标为2%，这些目标都可以通过数据进行监测和评估。此外，KPI指标应具有一定的挑战性，以推动团队不断优化营销策略，但同时也要符合现实条件，具备可实现性。

最后，不同平台的特点也会影响KPI的选择。例如，在抖音等短视频平台上，播放量、完播率和视频分享次数等指标更为重要，因为这些指标能直接反映视频内容的受欢迎程度。而在微信等图文平台上，阅读量、分享次数和用户留言数可能是更为关键的KPI。

（三）KPI指标体系的构建方法

构建KPI指标体系不仅是选择合适的指标，还需要确保这些指标能够形成一个相互支持和强化的结构，从而帮助品牌从整体上跟踪营销活动的成效。

品牌方需要采用层次化的KPI设计方法。这种方法将KPI划分为多个层次，通常包括战略层KPI、战术层KPI和操作层KPI。战略层KPI主要针对宏观的营销目标，如提升品牌知名度和客户忠诚度，这类KPI往往具有长期影响力。战术层KPI则针对具体的营销活动或渠道，如某个广告活动的转化率或社交平台上的互动率。这些KPI可以帮助品牌调整战术和资源分配。操作层KPI则更细化，关注具体的执行指标，例如某个广告的点击率、视频的完播率等。通过层次化的设计，品牌方能够从整体战略到具体执行全方位评估其营销活动。

品牌方可以使用SMART原则来构建有效的KPI体系。SMART原则指的是Specific（具体）、Measurable（可衡量）、Achievable（可实现）、Relevant（相关）和Time-bound

（有时限）。每个KPI都应该符合这些标准。例如，品牌可以设定"在未来3个月内，通过社交媒体提升网站流量15%"的具体目标，这一目标是可衡量的，有时间限制，并且与品牌的战略目标直接相关。

品牌方还可以采用数据监控和反馈机制来优化KPI体系。通过实时数据监控和定期回顾，品牌可以根据实际表现调整KPI。例如，如果某个指标持续低于预期，品牌方可以重新评估该指标的合理性，或采取新的策略提升表现。通过灵活的调整和优化，KPI体系可以保持动态适应市场和用户行为的变化。

二、多渠道营销效果的综合评估

在如今的营销环境中，品牌方不再依赖单一的线上或线下渠道，而是通过多渠道整合来提高知名度、增加客户互动，并推动购买转化。因此，综合评估各个渠道的营销效果变得尤为重要。通过对线上和线下渠道分别进行分析，并整合全渠道的数据，品牌方能够全面了解其营销活动的实际表现，并优化整体策略。

（一）线上营销效果评估方法

线上营销包括社交媒体营销、内容营销、搜索引擎优化（SEO）、电子邮件营销和数字广告等多种形式。在评估线上营销效果时，品牌方可以借助各种数字化工具和指标来量化其活动的成效。

网站流量分析是进行线上营销效果评估的重要基础。通过使用如Google Analytics、百度统计等工具，品牌方可以详细了解其网站的流量来源、用户在网站上的行为、页面停留时间以及跳出率等数据。流量来源分析可以帮助品牌方识别哪些渠道（如社交媒体、搜索引擎、电子邮件等）可获取较多的流量，从而优化这些渠道的内容和投放策略。同时，用户在网站上的行为数据能够反映网站设计、内容布局的用户体验，帮助品牌方调整网站以更好地吸引用户。

除了流量数据，转化率跟踪是线上营销效果评估的关键。通过设置具体的转化目标（如购买、注册或表单填写），品牌方可以分析用户在网站或应用中的转化路径，识别出高效的转化渠道。利用A/B测试等方法，品牌方可以优化网页设计、广告素材、着陆页内容，提升整体转化率。

社交媒体上的用户互动数据也是线上营销表现的核心评估指标。互动率（如点赞、分享、评论等）可以反映用户对品牌内容的感兴趣程度。品牌方通过社交媒体平台的分析工具，可以了解哪些类型的内容更容易引发用户参与，进而调整未来的内容创作策略。此外，广告效果分析通过点击率（CTR）、展示量、转化率等数据指标，帮助品牌优化其广告投放策略，确保广告费用最大化地转化为品牌曝光和销售的机会。

(二)线下营销效果评估方法

虽然数字营销在现代营销体系中占据了重要地位,但线下营销活动如促销活动、展会、广告牌宣传等,依然是品牌接触消费者的关键方式之一。评估线下营销的效果往往更加复杂,但通过有效的数据采集和分析,品牌方仍可以准确衡量其成效。

线下营销效果评估最直接的方式是分析销售数据。品牌方可以通过监测线下门店的销售数据,特别是营销活动期间的销售额增长变化,来判断活动的效果。通过与日常销售数据对比能够了解促销活动是否成功拉动了销售,哪些产品在活动中表现最好,以及是否吸引了新客户。

消费者的反馈与对消费者的调查也是评估线下营销活动效果的重要手段。通过在活动结束后进行现场问卷调查或电话访谈,品牌方可以获取客户对活动的直接感受与反馈。这种反馈可以为品牌优化未来的线下活动设计提供宝贵的参考信息。通过分析消费者对促销策略、广告设计以及活动体验的评价,品牌方能够更好地调整其市场策略,以提高客户满意度和参与度。

优惠券和二维码追踪是一种较为直接的效果评估方式。在促销活动或线下广告中使用优惠券或二维码,品牌方可以通过追踪这些工具的使用情况,量化线下营销活动对消费者行为的影响。例如,品牌方可以通过不同渠道发放不同的优惠券或二维码,并通过统计这些优惠券的使用次数和时间来衡量各个线下触点的效果。这种方法尤其适用于评估广告牌、传单或商场活动的实际影响。

(三)全渠道营销效果的整合分析

全渠道营销整合了线上和线下的多个接触点,旨在为消费者提供无缝的购物体验。因此,整合分析全渠道的营销效果是确保品牌在各个环节上保持一致性的关键。通过将线上和线下的营销数据进行统一分析,品牌方可以全面评估其营销策略的整体表现。

首先,品牌方需要将线上和线下数据统一到同一个数据平台上。通过整合来自社交媒体、网站、电商平台的线上数据,与线下销售数据、客户反馈结合起来,可以形成更完整的消费者行为图谱。例如,品牌方可以分析某一线上广告是否带来了线下门店的销售增长,或通过线下活动吸引的新客户是否随后在线上进行购买。

其次,品牌方可以利用数据分析工具进行跨渠道的转化追踪。用户在多个渠道之间的转换行为往往是复杂的,因此需要评估各个渠道对最终购买决策的影响。举例来说,某一社交媒体广告可能在用户决策的早期阶段吸引了用户的兴趣,但最终的购买行为可能是在线下门店完成的。通过对用户消费历程的全程监控,品牌方可以更清楚地了解各个渠道的具体贡献,从而优化其资源分配。

品牌方需要确保无论是在社交媒体上,还是在线下门店中,消费者都能获得一致的品牌体验。通过对消费者在不同渠道中的互动数据进行综合分析，品牌方可以发现各个触点中的潜在问题，并确保各渠道之间的无缝衔接。这不仅有助于提升客户满意度，还可以增强客户的品牌忠诚度。

三、基于数据的营销优化策略

（一）A/B 测试方法与应用

A/B 测试（分组测试）是一种通过对比两个或多个变量，找到最佳营销策略的常用方法。A/B 测试的核心在于通过小规模实验，找出不同变量对用户行为的影响，从而为全面地优化决策提供数据支撑。在营销活动中，A/B 测试广泛应用于广告素材、网页设计、电子邮件内容、社交媒体推文等各个环节，以提高点击率、转化率和用户参与度。

A/B 测试的基本原理是将用户随机分配到不同的实验组（如 A 组和 B 组），然后对每个组分别展示不同的变量（如广告文案、着陆页设计等）。通过数据分析，品牌方可以比较各组的表现，找到表现最好的方案。例如，在电子邮件营销中，品牌方可以测试不同的邮件标题，比较哪一个版本能带来更高的点击率。同样，品牌方可以通过测试不同的着陆页设计，了解哪种设计能够更有效地推动用户完成购买。

A/B 测试的关键在于控制变量，每次测试只应改变一个元素（如图片、按钮颜色、文案等），以确保测试结果的有效性。通过逐步优化每一个变量，品牌能够不断提升用户体验和营销效果。A/B 测试不仅适用于单次优化，还可以通过不断迭代，持续改进营销活动的各个方面，帮助品牌在快速变化的市场中保持竞争优势。

（二）归因模型分析与优化

归因模型分析是评估多渠道营销活动中各个触点对最终转化贡献度的重要工具。在现代营销中，用户的购买决策往往涉及多个触点，品牌方需要了解哪些渠道或营销活动对用户的转化有最大影响。

通过归因模型分析，品牌方可以清晰了解每个渠道和触点的实际贡献，并根据分析结果重新分配营销预算。例如，某个渠道在多个模型中的表现都较差，则品牌方可以减少该渠道的投资，转而将预算分配给那些在转化路径中影响较大的触点。此外，基于数据的归因模型利用机器学习技术自动分析历史数据，找出最具影响力的渠道和活动，进一步提升优化的精准性。归因模型分析的最终目标是确保品牌方能够更好地理解客户的转化路径，并根据这些洞察优化跨渠道的营销活动，提高整体的转化率和投资回报率。

(三)实时营销策略调整与自动化优化

实时营销策略调整和自动化优化是现代营销中最具动态性的优化策略。在信息传播速度极快的数字时代,品牌方需要快速响应市场变化、消费者行为和外部环境。通过实时监控数据和自动化工具,品牌方可以在短时间内做出决策,提升营销效率和效果。

实时营销策略调整的核心在于数据的实时监测和快速反应。例如,在社交媒体营销中,品牌方可以实时监控用户与某条广告的互动情况(如点击率、转发率、评论等),并根据表现快速调整广告素材或目标受众。特别是在促销活动、限时折扣或热点事件中,实时调整广告投放策略能够显著提升营销效果。

实时数据还可以帮助品牌方及时发现市场中的新机会或潜在危机。例如,电商平台可以通过实时监控用户的浏览和购物行为,在购物高峰时段及时增加库存或优化促销力度,以应对需求的波动。同时,通过追踪社交媒体上的讨论热度,品牌方可以迅速捕捉新兴趋势,及时调整内容策略,借势推广产品或服务。

自动化优化通过将人工智能和机器学习技术与营销活动相结合,能够自动化地根据数据变化进行策略调整。品牌方可以设置特定的规则或目标(如广告点击率达到某一值时自动调整预算或暂停投放),实现动态的营销活动管理。例如,程序化广告平台可以根据用户的行为实时调整广告出价,确保品牌方在合适的时机以最优成本触达目标用户。

通过自动化工具,品牌方不仅可以实时优化广告投放,还可以自动化地执行重复性高的营销任务,如邮件推送、社交媒体发布、广告文案调整等。这不仅大大提高了营销效率,还确保营销活动能够持续优化,随时适应市场变化和用户需求。

课内拓展

大数据营销概述

大数据营销的关键要素

大数据精准营销策略

企业实施大数据精准营销的准备工作

课中·练

全渠道营销效果整合分析

在助农水果的营销实践中,仅依靠单一渠道,如线下商超,往往难以全面覆盖多样化的消费场景。而全渠道营销，融合线上电商、社交平台、线下体验以及社区团购等多种渠道，虽拓宽了触达消费者的途径，但也面临着数据分散难以整合、营销效果难以精准量化、各渠道策略难以协同推进的难题。本次实训旨在通过对多渠道数据的深度整合，精准剖析营销活动的实际成效，进而实现资源的优化配置，助力助农水果营销取得更好的成果。

任务要求：

（1）4—6人为一组，分组完成规定的任务。

（2）数据整合能力培养：熟练掌握关联百度指数、淘宝、京东等电商平台，抖音、小红书等社交媒体，以及线下渠道营销数据的方法。

（3）效果评估体系构建：构建一套完整的全渠道营销KPI体系，涵盖曝光量、转化率、投资回报率（ROI）等关键指标，精准识别高价值渠道与低效环节。

（4）协同策略制定能力提升：依据整合分析结果，制定有效的渠道协同策略，如打造"线上种草吸引关注、线下体验增强认知、社群复购促进持续消费"的营销闭环。

任务实施：

（1）确定组长与副组长，组长负责分工，副组长负责记录。

（2）四步拆解全渠道营销效果。

第一步：数据采集与清洗

表7.5 多源数据采集清单

渠道类型	核心数据指标	工具/来源	示例（以赣南脐橙为例）
线上电商	访客数、转化率、客单价、复购率	淘宝生意参谋	双11期间，天猫旗舰店转化率达3.2%
社交媒体	曝光量、互动率（点赞/评论/分享）、点击率（CTR）	新榜、抖音电商罗盘	小红书上"脐橙礼盒"笔记曝光量超10万，CTR为5%
线下渠道	客流量、试吃转化率、现场成交量	超市POS系统、人工统计	周末超市试吃区日均吸引200人，成交50单
百度指数	搜索量趋势、关键词热度、人群画像	百度指数官网	营销活动期间，"赣南脐橙"搜索量环比增长45%

统一时间维度：以一个月的营销活动周期为分析区间，剔除因突发舆情等导致的异常数据，确保数据的真实性与可靠性。

渠道归因标记：为不同渠道设置专属追踪码，如电商链接后缀 "-douyin" "-supermarket"，以便精准区分流量来源。

第二步：全渠道KPI体系搭建

①分层级指标设计

A.顶层指标：整体 ROI（投入产出比）、GMV（商品交易总额）。ROI 计算公式为：ROI= 各渠道销售额总和∶各渠道营销成本总和。

B.渠道层指标：

线上电商：流量成本（CPC）、静默转化率（未咨询直接下单比例）。

社交媒体：内容生产成本、粉丝增长量、单条笔记带货量。

线下渠道：人均获客成本，如超市试吃活动单客成本 = 物料费 ÷ 试吃人数。

C.用户层指标：新客占比、老客复购贡献度、各渠道用户生命周期价值（LTV）。

②实训任务：制作《全渠道 KPI 看板》

以小组为单位，利用 Excel 数据透视表或 Tableau 等工具，为目标水果设计可视化看板。实际操作时，需替换为真实数据。

第三步：效果分析与问题诊断

①渠道效能对比

A.高价值渠道：若抖音直播销售额占比达 50%，ROI 为 1∶8，可判定为核心增长引擎，应加大投流预算。

B.低效渠道：若微博话题曝光量达 100 万，但转化率仅为 0.5%，需深入分析原因，如用户画像不匹配，微博用户偏年轻，而目标水果主力消费群为已婚女性。

②跨渠道协同效应

A.种草—转化链路：统计"抖音观看直播→3 天内淘宝下单"的用户占比，评估内容种草对电商转化的间接拉动作用。

B.线下反哺线上：若超市顾客扫码关注品牌公众号后，线上复购率提升 20%，需强化"线下体验＋线上留存"链路，如现场引导顾客扫码领优惠券。

③用户行为分析

结合消费者画像，对比不同渠道用户的差异：

A.线上年轻用户：更关注"网红吃法"等内容，对包装颜值敏感，客单价较低但复购频率高。

B.线下中老年用户：依赖"现场试吃＋促销员讲解"，决策周期短，但线上触达难度较大。

第四步：策略优化与迭代

①渠道资源再分配

A.聚焦高 ROI 渠道：将抖音直播预算从 30% 提升至 50%，增加与头部主播的合作频次。

B.改造低效渠道：针对微博用户，调整内容策略，从"产品硬推"转变为"助农故事+情感共鸣"，如发布"果农十年种植日记"图文，并附上微博专属优惠券。

②全渠道链路优化（场景闭环设计）

春季踏青季：线下水果店设置"脐橙采摘打卡点"，用户拍照发朋友圈可享 9 折优惠，同时引导用户关注品牌抖音号观看果园直播。

冬季养生季：在电商详情页嵌入小红书"热饮脐橙茶"教程视频，同步在社区团购中推送"买脐橙送养生食谱"活动。

数据反哺产品：若全渠道数据显示"小规格包装"咨询量占比 60%，但现有 SKU 仅 5kg/10kg，需迅速开发 2kg 便携装。

③实训任务：输出《全渠道优化方案》

A.渠道优先级排序表：例如，抖音直播＞社区团购＞超市专柜。

B.跨渠道营销日历：如每月第 1 周抖音直播造势，第 2—3 周线下超市跟进促销，第 4 周在社群发起复购活动。

C.风险预案：如某渠道突发流量下滑，立即启动备用渠道应急投放。

| |
| |

（3）实训工具与资源。

数据工具：百度指数、生意参谋、新榜、Excel（运用 VLOOKUP 函数整合多表数据）。

分析模型：渠道价值矩阵（横轴为 ROI，纵轴为流量占比）、用户消费历程图（分析从"认知—兴趣—购买—复购"的全流程渠道触点）。

成果提交与评议：

（1）各小组组长在规定时间内提交结果，并进行展示。

（2）在展示过程中，认真听取老师的评价与分析，并由副组长在任务单中做好记录。

表 7.6 任务单

任务名称			小组名称	
日期			时间	
组长			副组长	
其他成员				
任务讨论及说明				
方案实施过程				
存在的问题以及解决方案				
结果展示及说明				
评分				
反思与总结				
优点			缺点	

课后·测

一、填空题

1. 在社交媒体和内容平台上进行营销时，_____是衡量营销活动成效和制定优化策略的核心手段。

2. 品牌需要计算_____的比值，确定哪些营销活动能够带来更高的收益。

3. 构建精准的_____是品牌制定个性化营销策略的关键步骤。

4. 在新媒体营销中，常见的KPI指标涵盖了_____等多个方面。这些指标有助于品牌从不同角度评估其营销活动的效果。

5. 复购率是品牌评估用户忠诚度的核心指标。通过分析用户的_____，品牌可以识别出最具价值的忠诚客户，并针对这些客户设计个性化的促销活动或会员计划。

6. 聚类分析是一种常用的技术，品牌通过将_____的用户群体分组，可以识别出不同类型的用户。

二、选择题

1. 通过深入分析（　　），品牌能够有效提升其社交媒体运营表现，并提高用户参与度和转化率。

　　A. 账号整体　　　B. 单条内容　　　C. 用户画像　　　D. 收益数据

2. 账号整体数据包含（　　）。

　　A. 粉丝增长率　　B. 互动率　　　　C. 覆盖率　　　　D. 转化率

3. 通过分析用户在品牌App中的使用情况，如（　　），品牌可以优化应用设计，并为用户提供更加个性化的服务。

　　A. 功能使用频率　B. 停留时间　　　C. 产品收藏　　　D. 订单历史

4. 品牌可以通过分析社交媒体平台上的（　　）等数据来评估品牌的知名度和受众触达情况。

　　A. 浏览量　　　　B. 点击率　　　　C. 展示次数　　　D. 广告覆盖率

5. 在CRM系统中，数据的应用至关重要，因为它能为品牌提供有关（　　）的全面洞察。

　　A. 用户行为　　　B. 消费习惯　　　C. 偏好　　　　　D. 满意度

参考文献

[1] 谭前进，郭城. 新媒体运营的理论与实操［M］. 南京：东南大学出版社，2018.

[2] 吴科. 新媒体运营实务［M］. 长沙：湖南人民出版社，2019.

[3] 宋锋森. 短视频营销：新媒体时代重构营销新模式[M]. 北京：中国纺织出版社，2021.

[4] 卢星辰，伍戈，孟杨. 新媒体营销与运营［M］. 石家庄：河北科学技术出版社，2022.

[5] 郭义祥，李寒佳. 新媒体营销［M］. 北京：北京理工大学出版社，2022.

[6] 刘应波，陈如华，李娟. 新媒体数据分析[M]. 哈尔滨：哈尔滨工程大学出版社，2021.

[7] 彭雷清. 内容营销 新媒体时代如何提升用户转化率［M］. 北京：中国经济出版社，2018.

[8] 山峰. 微信视频号实战 内容运营＋营销推广＋流量变现［M］. 武汉：华中科技大学出版社，2021.

[9] 刘睿雅. 短视频时代的新媒体运营探究［J］. 传播力研究，2024（4）.

[10] 邱逸. 新媒体运营策划创新研究［J］. 经济师，2024（1）.

[11] 曾志明. 现代社会新媒体运营发展研究［J］. 传播力研究，2023（28）.

[12] 闫雪. 短视频时代的新媒体运营探究［J］. 传媒论坛，2022（3）.